Histoires Courtes en Anglais

Apprendre l'D'anglais facilement en lisant des histoires courtes

John Davies

Contenu

Introduction

Lire dans une langue étrangère est l'un des moyens les plus efficaces d'améliorer ses compétences linguistiques et d'enrichir son vocabulaire. Cependant, il est parfois difficile de trouver des supports de lecture attrayants, d'un niveau approprié, qui procurent un sentiment de réussite et de progrès. La plupart des livres et articles écrits pour des locuteurs natifs peuvent être trop longs et difficiles à comprendre ou contenir un vocabulaire de très haut niveau, de sorte que vous vous sentez dépassé et abandonnez. Si ces problèmes vous sont familiers, alors ce livre est pour vous !

Histoires Courtes en D'anglais est une collection de 25 histoires courtes non conventionnelles et divertissantes qui sont conçues pour aider les apprenants de niveau débutant à intermédiaire D'anglais à améliorer leurs compétences linguistiques.

Ces histoires courtes créent un environnement propice à la lecture en incluant ;

- Un contenu linguistique riche dans différents genres pour vous divertir et vous exposer à une variété de formes de mots.
- Des histoires plus courtes en chapitres pour vous donner la satisfaction de terminer des histoires et de progresser rapidement.
- Des textes écrits à votre niveau afin qu'ils soient plus facilement compréhensibles et ne vous dépassent pas.
- Traduction française sur des pages alternées afin que vous puissiez vous y référer directement ligne par ligne tout en lisant l'histoire D'anglais.
- Le vocabulaire clé est imprimé en gras tout au long

de l'histoire et de la traduction pour vous aider à comprendre plus facilement les mots qui ne vous sont pas familiers.

- Des questions de compréhension pour tester votre compréhension des événements clés et vous encourager à lire plus en détail.

Que vous souhaitiez enrichir votre vocabulaire, améliorer votre compréhension ou simplement lire pour le plaisir, ce livre est le plus grand pas en avant que vous ferez dans vos études cette année. Histoires Courtes en D'anglais vous apportera tout le soutien dont vous avez besoin, alors asseyez-vous, détendez-vous et laissez libre cours à votre imagination en vous laissant transporter dans un monde magique d'aventures, de mystères et d'intrigues - en D'anglais!

Comment utiliser ce livre

La lecture est un talent difficile à maîtriser. Nous utilisons toute une série de micro-compétences pour nous aider à lire dans notre langue maternelle. Par exemple, nous pouvons parcourir un passage pour en comprendre le sens, ou l'essentiel. Nous pouvons aussi passer au peigne fin les nombreuses pages d'un horaire de train à la recherche d'une heure ou d'un lieu précis. Si ces micro-compétences sont une seconde nature lorsque nous lisons dans notre langue maternelle, les recherches révèlent que nous en oublions souvent la plupart lorsque nous lisons dans une langue étrangère. Lorsque nous apprenons une langue étrangère, nous commençons généralement par le début d'un texte et le parcourons en essayant de comprendre chaque mot. Inévitablement, nous rencontrons des termes peu familiers ou complexes et nous sommes gênés par notre incapacité à les comprendre.

L'un des principaux avantages de la lecture dans une langue étrangère est que vous êtes exposé à un grand nombre de phrases et d'expressions utilisées dans des situations quotidiennes. La lecture extensive est un terme utilisé pour décrire la lecture pour le plaisir dans le but d'apprendre une langue. En d'autres termes, la lecture approfondie de manuels scolaires aide généralement à l'apprentissage des règles de grammaire et d'un vocabulaire particulier, mais la lecture extensive d'histoires aide à l'apprentissage du langage naturel.

Histoires Courtes en D'anglais vous donnera l'occasion d'en apprendre davantage sur la langue naturelle D'anglais en usage, même si vous avez peut-être commencé votre voyage d'apprentissage des langues

uniquement avec des manuels. Voici quelques conseils à garder à l'esprit lorsque vous lirez les histoires de ce livre pour en tirer le meilleur parti : Lorsqu'il s'agit de lire, le plaisir et le sentiment d'accomplissement sont essentiels. Vous en redemandez parce que vous aimez ce que vous lisez. Lire chaque histoire du début à la fin est la meilleure méthode pour prendre plaisir à lire des histoires et se sentir accompli. Par conséquent, la chose la plus cruciale est d'arriver à la fin d'une histoire. C'est en fait plus important que de connaître chaque mot.

Plus vous lisez, plus vous acquerrez de connaissances. Vous aurez rapidement une connaissance du fonctionnement de la D'anglais si vous lisez de gros livres pour le plaisir. Cependant, gardez à l'esprit que pour tirer tous les bénéfices d'une lecture extensive, vous devez d'abord lire un volume suffisamment important. Lire quelques pages ici et là peut vous apprendre quelques nouveaux mots, mais cela ne fera pas une différence significative dans votre niveau global de D'anglais.

Acceptez le fait que vous ne comprendrez pas tout ce que vous lisez dans un roman. C'est, sans aucun doute, le point le plus crucial ! N'oubliez jamais que le fait de ne pas comprendre tous les mots ou toutes les phrases est tout à fait acceptable. Cela ne signifie pas que vos compétences linguistiques sont insuffisantes ou que vos résultats sont médiocres. Cela indique que vous participez activement au processus d'apprentissage.

Guide de lecture

Afin de tirer le meilleur parti de la lecture d'Histoires Courtes en D'anglais, il est préférable que vous suiviez ce processus de lecture simple en six étapes pour chaque chapitre des histoires :

1. Lisez le titre du chapitre. Réfléchissez à ce que pourrait être le sujet de l'histoire. Puis lisez l'histoire jusqu'au bout. Votre objectif est simplement d'atteindre la fin de l'histoire. Par conséquent, ne vous arrêtez pas pour chercher des mots et ne vous inquiétez pas s'il y a des choses que vous ne comprenez pas. Essayez simplement de suivre l'intrigue.

2. Lorsque vous arrivez à la fin de l'histoire, parcourez la traduction française pour voir si vous avez compris ce qui s'est passé et reprenez tout contexte qui vous aurait échappé.

3. Revenez en arrière et relisez la même histoire. Si vous le souhaitez, vous pouvez vous concentrer davantage sur les détails de l'histoire qu'auparavant, mais sinon, lisez-la simplement une fois de plus.

4. Ensuite, répondez aux questions de compréhension en D'anglais pour vérifier votre compréhension des événements clés de l'histoire. Si vous ne comprenez pas entièrement les questions, ne vous inquiétez pas. Utilisez vos connaissances pour répondre du mieux que vous pouvez.

5. A ce stade, vous devriez avoir une certaine compréhension des principaux événements du chapitre. Si ce n'est pas le cas, vous pouvez relire le chapitre

plusieurs fois en utilisant la traduction pour vérifier les mots et les phrases inconnus jusqu'à ce que vous vous sentiez en confiance.

Une fois que vous êtes prêt et sûr d'avoir compris ce qui s'est passé - que ce soit après une ou plusieurs lectures de l'histoire - passez à l'histoire suivante et continuez à apprécier l'histoire à votre propre rythme, comme vous le feriez pour n'importe quel autre livre.

Ce n'est qu'une fois que vous avez terminé une histoire dans son intégralité que vous pouvez envisager de revenir en arrière et d'étudier le langage de l'histoire plus en profondeur si vous le souhaitez. Au lieu de vous inquiéter de tout comprendre, prenez le temps de vous concentrer sur ce que vous avez compris et de vous féliciter pour tout ce que vous avez fait.

Histoires Courtes
en Anglais

John Davies

The Lake District

The Lake District is a beautiful place. It's full of green hills, clear lakes, and fresh air. I love to go there for walks and picnics. One day, I decided to take a walk around one of the lakes. The sun was shining and the water looked so inviting. I walked for a while, enjoying the scenery. Suddenly, I heard a noise behind me. It sounded like someone was following me! I turned around and saw a man walking towards me with an angry look on his **face**. He was carrying a knife! I started to run away from him as fast as I could. Luckily, I managed to lose him in the maze of trees and bushes near the lake **shoreline**. I was shaken after my encounter with the man with the knife. I decided to head back to the picnic area where my **friends** were waiting for me.

As I walked, I couldn't help but feel like someone was **watching** me. When I got back to the picnic area, my friends were relieved to see me. We packed up our things and went home. I didn't tell them about what had happened, but it was hard to forget. A few days later, I decided to go for another **walk** around the lake. This time, I took a different route. But once again, I heard footsteps behind me and felt like someone was following me. I am getting really scared now. I started to

La région des lacs

Le Lake District est un endroit magnifique. Il est plein de collines vertes, de lacs limpides et d'air frais. J'aime y aller pour me promener et pique-niquer. Un jour, j'ai décidé de faire une promenade autour de l'un des lacs. Le soleil brillait et l'eau semblait si attrayante. J'ai marché pendant un moment, profitant du paysage. Soudain, j'ai entendu un bruit derrière moi. On aurait dit que quelqu'un me suivait ! Je me suis retourné et j'ai vu un homme marcher vers moi avec un air furieux sur le **visage**. Il portait un couteau ! J'ai commencé à m'enfuir de lui aussi vite que possible. Heureusement, j'ai réussi à le semer dans le labyrinthe d'arbres et de buissons près de la **rive du** lac. J'étais secouée après ma rencontre avec l'homme au couteau. J'ai décidé de retourner à l'aire de pique-nique où mes **amis** m'attendaient.

En marchant, je ne pouvais m'empêcher de penser que quelqu'un m'**observait**. Quand je suis revenu à l'aire de pique-nique, mes amis étaient soulagés de me voir. Nous avons emballé nos affaires et sommes rentrés chez nous. Je ne leur ai pas parlé de ce qui s'était passé, mais c'était difficile d'oublier. Quelques jours plus tard, j'ai décidé de faire une autre **promenade** autour du lac. Cette fois, j'ai pris un autre chemin. Mais

run, but the footsteps got **closer** and closer. Suddenly, someone grabbed me from behind! I screamed as loud as I could. Luckily, it was just my friend playing a prank on me. But even though it wasn't a real attacker, my **heart** was still pounding in my chest. After that incident, I didn't go for any more walks around the lake by myself. It was just too scary. But every time I went there with friends or family, I couldn't help but feel like someone was watching me from the **shadows**.

One year later, I finally summoned the **courage** to go for a walk around the lake by myself again. I told myself that I was being silly and that there was nothing to be afraid of. But as soon as I started walking, I heard those footsteps again. This time, they were closer than ever before. I was about to **scream** when I heard a voice behind me. "Don't worry, I'm not going to hurt you." It was the man with the knife! He explained that he had been following me because he wanted to apologise for scaring me. He said that he was going through a tough time in his life and hadn't meant to scare me. We ended up talking for a while, and I found out that he wasn't really a bad guy after all.

une fois de plus, j'ai entendu des pas derrière moi et j'ai eu l'impression que quelqu'un me suivait. Je commence à avoir vraiment peur maintenant. J'ai commencé à courir, mais les bruits de pas se **rapprochaient de plus** en plus. Soudain, quelqu'un m'a attrapé par derrière ! J'ai crié aussi fort que je le pouvais. Heureusement, c'était juste mon ami qui me faisait une farce. Mais même si ce n'était pas un véritable agresseur, mon **cœur** battait toujours la chamade dans ma poitrine. Après cet incident, je n'ai plus fait de promenade autour du lac toute seule. C'était trop effrayant. Mais chaque fois que j'y allais avec des amis ou de la famille, je ne pouvais m'empêcher de penser que quelqu'un m'observait depuis l'**ombre**.

Un an plus tard, j'ai enfin trouvé le **courage d'aller me** promener seule autour du lac. Je me suis dit que j'étais idiote et qu'il n'y avait rien à craindre. Mais dès que j'ai commencé à marcher, j'ai entendu ces pas à nouveau. Cette fois, ils étaient plus proches que jamais. J'étais sur le point de **crier** quand j'ai entendu une voix derrière moi. "Ne t'inquiète pas, je ne vais pas te faire de mal." C'était l'homme au couteau ! Il a expliqué qu'il m'avait suivi parce qu'il voulait s'excuser de m'avoir fait peur. Il a dit qu'il traversait une période difficile dans sa vie et qu'il n'avait pas voulu me faire peur. Nous avons fini par parler pendant un moment, et j'ai découvert qu'il n'était pas vraiment un mauvais garçon après tout.

Comprehension Questions

1. What does the protagonist love to do in the Lake District?

2. What does the protagonist see when they look at the lake?

3. What does the protagonist hear when they are walking around the lake?

4. Who is following the protagonist around the lake?

5. What does the protagonist do when they hear someone following them?

6. Does the protagonist ever find out who was following them around the lake?

7. Does the protagonist go for any more walks around the lake by themselves?

8. How does the protagonist feel when they are in the Lake District?

9. What is the protagonist's favourite memory of the Lake District?

Questions de compréhension

1. Qu'est-ce que le protagoniste aime faire dans la région des lacs ?

2. Que voit le protagoniste lorsqu'il regarde le lac ?

3. Qu'entend le protagoniste lorsqu'il se promène autour du lac ?

4. Qui suit le protagoniste autour du lac ?

5. Que fait le protagoniste lorsqu'il entend quelqu'un le suivre ?

6. Le protagoniste découvre-t-il qui le suivait autour du lac ?

7. Le protagoniste se promène-t-il encore seul autour du lac ?

8. Que ressent le protagoniste lorsqu'il se trouve dans la région des lacs ?

9. Quel est le meilleur souvenir du protagoniste dans la région des lacs ?

Snowdonia

The first time I ever saw Snowdonia was in a **dream**. It was a cold winter night and the snow was falling gently from the sky. The landscape was so beautiful and peaceful that I felt like I could stay there forever. I woke up the next **morning** with the image of Snowdonia burned into my mind. I knew that I had to see it for myself someday. A few years later, I finally made the trip to Snowdonia National Park in Wales. As soon as I arrived, I understood why my dreams had been so filled with this place. It was like nowhere else on Earth. The mountains loomed large overhead, their peaks covered in **snow** even though it was summertime down in the valley below. There were wildflowers blooming everywhere, and the air smelled fresh and clean. Every day during my visit, I went on new adventures, **exploring** different parts of Snowdonia. One day, I hiked to the top of Mount Snowdon, the highest peak in Wales.

Another day I took a **boat** ride across Llyn Glaslyn, admiring the stunning scenery along the way. And on one memorable evening, I sat outside under the **night** sky, watching as shooting stars streaked across the dark abyss above me. But no matter what activity I did each day or how long I stayed in Snowdonia National

Snowdonia

La première fois que j'ai vu Snowdonia, c'était dans un **rêve**. C'était une froide nuit d'hiver et la neige tombait doucement du ciel. Le paysage était si beau et si paisible que j'avais l'impression que je pourrais y rester pour toujours. Je me suis réveillé le lendemain **matin** avec l'image de Snowdonia gravée dans mon esprit. Je savais que je devais le voir par moi-même un jour. Quelques années plus tard, j'ai finalement fait le voyage jusqu'au parc national de Snowdonia, au Pays de Galles. Dès mon arrivée, j'ai compris pourquoi mes rêves avaient été si imprégnés de cet endroit. C'était comme nulle part ailleurs sur Terre. Les montagnes s'élevaient au-dessus de moi, leurs sommets étaient couverts de **neige** alors que la vallée était en été. Des fleurs sauvages fleurissaient partout, et l'air était frais et pur. Chaque jour de ma visite, j'ai vécu de nouvelles aventures, **explorant** différentes parties de Snowdonia. Un jour, j'ai fait une randonnée jusqu'au sommet du Mont Snowdon, le plus haut sommet du Pays de Galles.

Un autre jour, j'ai fait une promenade en **bateau** à travers Llyn Glaslyn, admirant le paysage époustouflant tout au long du trajet. Et lors d'une soirée mémorable, je me suis assise dehors sous le ciel **nocturne**, regardant les étoiles filantes filer dans l'abîme sombre au-dessus

Park, there was always one thing that drew me back to that first magical night long ago: standing among those towering **mountains** and looking out at the majestic view of valleys blanketed in snow. It was my last day in Snowdonia National Park, and I woke up early to make the most of it. I had already packed my bags and said goodbye to the friends I had made during my stay, so all that was left was to explore one last time. I decided to take a walk through the woods near my campsite. The sun was just starting to peek through the trees as I began walking, and the forest floor was covered in a **blanket** of mist. As I walked deeper into the woods, I started hearing strange noises. It sounded like someone was following me, but every time I turned around, there was no one there. Suddenly, I heard a loud crash behind me and I turned around to see a massive grizzly **bear** standing right in front of me! I was paralyzed with fear as I stared into the bear's eyes.

de moi. Mais quelle que soit l'activité que je pratiquais chaque jour ou la durée de mon séjour dans le **parc** national de Snowdonia, il y avait toujours une chose qui me ramenait à cette première nuit magique, il y a longtemps : me tenir parmi ces **montagnes** imposantes et regarder la vue majestueuse des vallées couvertes de neige. C'était mon dernier jour dans le parc national de Snowdonia, et je me suis réveillée tôt pour en profiter au maximum. J'avais déjà fait mes valises et dit au revoir aux amis que je m'étais faits pendant mon séjour, il ne me restait donc plus qu'à explorer une dernière fois. J'ai décidé de me promener dans les bois près de mon campement. Le soleil commençait tout juste à percer les arbres lorsque j'ai commencé à marcher, et le sol de la forêt était recouvert d'une **couverture** de brume. Alors que je m'enfonçais dans les bois, j'ai commencé à entendre des bruits étranges. On aurait dit que quelqu'un me suivait, mais chaque fois que je me retournais, il n'y avait personne. Soudain, j'ai entendu un grand fracas derrière moi et je me suis retourné pour voir un énorme **grizzly** qui se tenait juste devant moi ! J'étais paralysé par la peur alors que je fixais les yeux de l'ours.

Comprehension Questions

1. What does the author dream about?

2. What does the author think about the dream?

3. What does the author do when they wake up?

4. What does the author think when they see Snowdonia National Park?

5. What does the author do each day during their visit?

6. What is the author's favorite part of Snowdonia National Park?

7. What does the author do on their last day in Snowdonia National Park?

8. What does the author hear while walking in the woods?

9. What does the author see when they turn around?

Questions de compréhension

1. De quoi l'auteur rêve-t-il ?

2. Que pense l'auteur du rêve ?

3. Que fait l'auteur au réveil ?

4. Que pense l'auteur en voyant le parc national de Snowdonia ?

5. Que fait l'auteur chaque jour pendant sa visite ?

6. Quelle est la partie du parc national de Snowdonia que l'auteur préfère ?

7. Que fait l'auteur lors de son dernier jour dans le parc national de Snowdonia ?

8. Qu'entend l'auteur en marchant dans les bois ?

9. Que voit l'auteur quand il se retourne ?

Dartmoor

The moor was a dark and foreboding place. Even the animals seemed to sense the **danger** that lurked within their shadows. But there was one creature that was not afraid of the moor, or anything else for that matter. That creature was a **small**, black cat named Dartmoor. Dartmoor had been born on the moor and had never known any other life. He roamed freely, going where he pleased and doing as he liked. He knew every nook and cranny of the moor, and there wasn't a thing that could scare him. One night, as Dartmoor was prowling around his favorite part of the moor, he heard a strange **noise**. It sounded like someone was crying. He followed the sound until he came to a clearing where he saw a **woman** sitting on the ground with her head in her hands. She looked up when she heard him approach, and darting forward, she scooped him into her arms.

The woman was crying uncontrollably now, and Dartmoor could feel her **shaking**. He didn't know what to do, so he just sat there and let her cry. After a few minutes, she began to calm down, and she looked at him with gratitude. "Thank you for being here," she said. "My name is Sarah." Sarah told Dartmoor that she had been out hiking when she got lost. She had been walking for hours, trying to find her way back,

Dartmoor

La lande était un endroit sombre et inquiétant. Même les animaux semblaient sentir le **danger** qui se cachait dans leur ombre. Mais il y avait une créature qui n'avait pas peur de la lande, ni de rien d'autre d'ailleurs. Cette créature était un **petit** chat noir nommé Dartmoor. Dartmoor était né sur la lande et n'avait jamais connu d'autre vie. Il errait librement, allant où il voulait et faisant ce qu'il voulait. Il connaissait tous les coins et recoins de la lande, et rien ne pouvait l'effrayer. Une nuit, alors que Dartmoor rôdait dans son coin préféré de la lande, il entendit un **bruit** étrange. On aurait dit que quelqu'un pleurait. Il a suivi le bruit jusqu'à ce qu'il arrive à une clairière où il a vu une **femme** assise sur le sol, la tête dans les mains. Elle a levé les yeux quand elle l'a entendu s'approcher et, s'élançant vers l'avant, elle l'a pris dans ses bras.

La femme pleurait de façon incontrôlable maintenant, et Dartmoor pouvait la sentir **trembler**. Il ne savait pas quoi faire, alors il est resté assis et l'a laissée pleurer. Après quelques minutes, elle s'est calmée et l'a regardé avec gratitude. "Merci d'être là", a-t-elle dit. "Mon nom est Sarah." Sarah a raconté au Dartmoor qu'elle était partie en randonnée quand elle s'est perdue. Elle avait marché pendant des heures, essayant de retrouver son

but she couldn't seem to find the right path. She was **exhausted** and scared, and when she saw Dartmoor, she felt like he was a sign from God that everything would be alright. Dartmoor stayed with Sarah all night, keeping her warm and comforting her until morning came. When the **sun** rose over the moor, Sarah felt better. She was still tired but no longer scared.

Looking at Dartmoor sleeping peacefully next to her made her feel safe somehow. Slowly getting up, she dusted off her clothes before looking around. She saw the **path** then and realised where she had gone wrong last night. It all looked so different in the daylight. But one thing was for sure, she would never **forget** what this little cat had done for her & how he'd shown her that even in the darkest of places, there can be light. Sarah made her way back to the path and began the hike back to her car. She was **tired**, but she felt lighter, as if a weight had been lifted off of her shoulders. Every now and then she would look back, half expecting to see Dartmoor following her, but he was **nowhere** to be seen. She reached her car a few hours later and drove home, feeling grateful for the experience and for the little cat who had saved her.

chemin, mais elle ne semblait pas pouvoir trouver le bon chemin. Elle était **épuisée** et effrayée, et quand elle a vu Dartmoor, elle a eu l'impression qu'il était un signe de Dieu lui indiquant que tout irait bien. Dartmoor est resté avec Sarah toute la nuit, la gardant au chaud et la réconfortant jusqu'au matin. Lorsque le **soleil** s'est levé sur la lande, Sarah s'est sentie mieux. Elle était toujours fatiguée mais n'avait plus peur.

En regardant Dartmoor dormir paisiblement à côté d'elle, elle se sentait en sécurité. Se levant lentement, elle épousseta ses vêtements avant de regarder autour d'elle. Elle vit alors le **chemin** et réalisa où elle s'était trompée la nuit dernière. Tout semblait si différent à la lumière du jour. Mais une chose était sûre, elle n'**oublierait** jamais ce que ce petit chat avait fait pour elle & comment il lui avait montré que même dans les endroits les plus sombres, il peut y avoir de la lumière. Sarah est retournée sur le chemin et a commencé à marcher jusqu'à sa voiture. Elle était **fatiguée**, mais elle se sentait plus légère, comme si un poids avait été enlevé de ses épaules. De temps en temps, elle regarde en arrière, s'attendant à voir Dartmoor la suivre, mais il **n'est nulle part**. Quelques heures plus tard, elle rejoint sa voiture et rentre chez elle, reconnaissante pour cette expérience et pour le petit chat qui l'a sauvée.

Comprehension Questions

1. What was the name of the cat?

2. Where was the cat born?

3. What noise did the cat hear?

4. Who was the woman?

5. Why was the woman crying?

6. What did Sarah say to the cat?

7. How did Sarah feel when she woke up?

8. Where was Sarah going?

9. What did Sarah think of Dartmoor?

10. What do you think happened to Dartmoor after Sarah left?

Questions de compréhension

1. Quel était le nom du chat ?

2. Où est né le chat ?

3. Quel bruit le chat a-t-il entendu ?

4. Qui était la femme ?

5. Pourquoi la femme pleurait-elle ?

6. Qu'a dit Sarah au chat ?

7. Comment Sarah s'est-elle sentie quand elle s'est réveillée ?

8. Où allait Sarah ?

9. Que pense Sarah du Dartmoor ?

10. Que pensez-vous qu'il soit arrivé au Dartmoor après le départ de Sarah ?

Norfolk Broads

The Norfolk Broads are a **beautiful** place. They are full of life and color. The **sky** is so blue and the water is so clear. It's like a piece of heaven on earth. I remember the first time I went there. I was just a young girl, but I fell in love with it **instantly**. There's something about the **peace** and tranquility of the place that just makes you feel at ease. It's like nothing else matters when you're there. Since then, I've been back many times, and each time it feels like coming home. Even though I live far away from the Broads now, they will always have a special place in my heart. " I was heading to the Broads for my annual visit. I always go at the same time each **year**, and it's like a little piece of heaven on earth.

The journey there is always so peaceful and calming, and I can't help but feel happy as I approach my destination. As soon as I arrive, I head straight to the **water**. There's something about being on the boat that makes me feel so free and alive. It's like all my worries just disappeared into thin air. I spend every day exploring different parts of the Broads, and each time it feels like a new **adventure**. Even though it's been years since my first visit, the place still feels just as **magical** to me. " It's been a tough year, and I really needed to get away from it all. So, I decided to head to the Broads

Norfolk Broads

Les Norfolk Broads sont un endroit **magnifique**. Elles sont pleines de vie et de couleurs. Le **ciel** est si bleu et l'eau est si claire. C'est comme un morceau de paradis sur terre. Je me souviens de la première fois où j'y suis allée. Je n'étais qu'une jeune fille, mais j'en suis tombée amoureuse **instantanément**. Il y a quelque chose dans la **paix** et la tranquillité de l'endroit qui vous fait vous sentir à l'aise. C'est comme si rien d'autre ne comptait quand on est là. Depuis, j'y suis retournée plusieurs fois, et à chaque fois, j'ai l'impression de rentrer à la maison. Même si je vis loin des Broads maintenant, elles auront toujours une place spéciale dans mon cœur. "Je me dirigeais vers les Broads pour ma visite annuelle. J'y vais toujours à la même période chaque **année**, et c'est comme un petit coin de paradis sur terre.

Le voyage est toujours si paisible et apaisant, et je ne peux m'empêcher de me sentir heureuse à l'approche de ma destination. Dès que j'arrive, je me dirige directement vers l'**eau**. Il y a quelque chose dans le fait d'être sur le bateau qui me fait me sentir si libre et vivante. C'est comme si tous mes soucis s'étaient envolés. Je passe chaque jour à explorer différentes parties des Broads, et chaque fois, c'est une nouvelle

for some much-needed rest and relaxation. As soon as I arrived, I could feel my stress melting away. The peace and tranquility of the place is like nothing else. I spent my days exploring different parts of the Broads, and each day was more **relaxing** than the last.

I even got to go on a few boat rides, which were absolutely amazing. There's something about being out on the water that just makes you feel so alive. " I'm so grateful to have found the Broads. It's like a little piece of **heaven** on earth that I can always escape to when life gets too tough. Whenever I'm there, I feel like all my worries just disappear and I can just relax and **enjoy** myself. It's become my happy place, and I look forward to my annual visits more than anything else. Each time I go, it feels like coming home. " The Broads will always have a **special** place in my heart. It's a place where I can go to escape the hustle and bustle of everyday life and just relax and enjoy myself. It's like a little piece of heaven on earth that I can always come back to. "

aventure. Même si des années se sont écoulées depuis ma première visite, l'endroit me semble toujours aussi **magique**. "L'année a été difficile et j'avais vraiment besoin de m'évader. J'ai donc décidé de me rendre dans les Broads pour y trouver le repos et la détente dont j'avais tant besoin. Dès mon arrivée, j'ai pu sentir mon stress fondre. La paix et la tranquillité de l'endroit ne ressemblent à rien d'autre. J'ai passé mes journées à explorer différentes parties des Broads, et chaque jour était plus **relaxant** que le précédent.

J'ai même pu faire quelques tours de bateau, qui étaient absolument incroyables. Il y a quelque chose dans le fait d'être sur l'eau qui vous fait vous sentir si vivant. "Je suis si reconnaissante d'avoir trouvé les Broads. C'est comme un petit coin de **paradis** sur terre où je peux toujours m'échapper quand la vie devient trop dure. Quand j'y suis, j'ai l'impression que tous mes soucis disparaissent et que je peux me détendre et m'**amuser**. C'est devenu mon coin de paradis, et j'attends avec impatience mes visites annuelles. Chaque fois que j'y vais, j'ai l'impression de rentrer à la maison. "Les Broads auront toujours une place **spéciale** dans mon cœur. C'est un endroit où je peux aller pour échapper à l'agitation de la vie quotidienne, me détendre et m'amuser. C'est comme un petit coin de paradis sur terre où je peux toujours revenir. "

Comprehension Questions

1. What is the author's opinion of the Norfolk Broads?

2. What does the author remember about her first visit to the Norfolk Broads?

3. How does the author feel when she is on a boat in the Broads?

4. Why does the author keep going back to the Broads?

5. What does the author think of the Broads compared to other places?

6. What is the author's favorite thing to do in the Broads?

7. What does the author think of the journey to the Broads?

8. How does the author feel when she arrives in the Broads?

9. What does the author think of the peace and tranquility of the Broads?

Questions de compréhension

1. Quelle est l'opinion de l'auteur sur les Norfolk Broads ?

2. De quoi l'auteur se souvient-elle de sa première visite dans les Norfolk Broads ?

3. Que ressent l'auteur lorsqu'elle est sur un bateau dans les Broads ?

4. Pourquoi l'auteur retourne-t-il sans cesse dans les Broads ?

5. Que pense l'auteur des Broads par rapport à d'autres endroits ?

6. Quelle est l'activité préférée de l'auteur dans les Broads ?

7. Que pense l'auteur du voyage dans les Broads ?

8. Que ressent l'auteur lorsqu'elle arrive dans les Broads ?

9. Que pense l'auteur de la paix et de la tranquillité des Broads ?

The New Forest

The New Forest is a **beautiful** place. It's full of trees and wildlife, and it's a great place to relax and enjoy nature. However, there is something else that makes the New Forest special. There are rumours that the **forest** is home to a creature known as the Beast of Brayton. The Beast is said to be a large, ferocious animal that roams the forest at night, preying on anything that crosses its path. Some say it's a **bear**, others say it's a wolf or even a dragon. No one knows for sure what the Beast looks like because no one has ever seen it and lived to tell the tale. One summer evening, two young boys were playing in the forest when they heard something **moving** in the bushes nearby. They froze in fear as whatever was making the noise began to approach them. The boys were petrified as the creature stepped out from the **shadows**. It was a massive, furry beast with glowing red eyes.

The Beast let out a loud roar that echoed through the forest. The boys ran for their lives, but the Beast was faster and soon caught up to them. One of the boys tripped and fell to the ground. The Beast pounced on him and began to devour him alive. The other boy

La New Forest

La New Forest est un endroit **magnifique**. Elle regorge d'arbres et d'animaux sauvages, et c'est un endroit idéal pour se détendre et profiter de la nature. Cependant, il y a autre chose qui rend la New Forest spéciale. Selon certaines rumeurs, la **forêt** abriterait une créature connue sous le nom de "Bête de Brayton". La Bête serait un grand animal féroce qui erre dans la forêt la nuit, s'attaquant à tout ce qui croise son chemin. Certains disent que c'est un **ours**, d'autres disent que c'est un loup ou même un dragon. Personne ne sait avec certitude à quoi ressemble la Bête, car personne ne l'a jamais vue et n'a vécu pour la raconter. Un soir d'été, deux jeunes garçons jouaient dans la forêt lorsqu'ils ont entendu quelque chose **bouger** dans les buissons voisins. Ils se sont figés de peur alors que la chose qui faisait ce bruit commençait à s'approcher d'eux. Les garçons sont pétrifiés lorsque la créature sort de l'**ombre**. C'était une énorme bête à fourrure avec des yeux rouges brillants.

La bête a poussé un grand rugissement qui a résonné dans toute la forêt. Les garçons courent pour sauver leur vie, mais la Bête est plus rapide et les rattrape

managed to escape and ran all the way home, where he told his **parents** what had happened. They went back to look for his friend, but there was no trace of him or the Beast. It's been several years since that fateful night in the New Forest, but people still talk about what happened. Some say they've seen the Beast roaming around at night, while others claim it doesn't exist at all. Regardless of what people believe, one thing is certain: if you go into the New Forest after dark, be prepared for anything. The boy who survived the **attack** has grown up now and rarely goes into the forest anymore. He still has nightmares about that night, and he can't shake the feeling that the Beast is still out there, waiting to prey on unsuspecting victims.

rapidement. L'un des garçons a trébuché et est tombé sur le sol. La Bête s'est jetée sur lui et a commencé à le dévorer vivant. L'autre garçon réussit à s'échapper et court jusqu'à la maison, où il raconte à ses **parents** ce qui s'est passé. Ils sont partis à la recherche de son ami, mais il n'y avait aucune trace de lui ou de la Bête. Plusieurs années se sont écoulées depuis cette nuit fatidique dans la New Forest, mais les gens parlent encore de ce qui s'est passé. Certains disent avoir vu la Bête rôder la nuit, tandis que d'autres prétendent qu'elle n'existe pas du tout. Peu importe ce que les gens croient, une chose est sûre : si vous allez dans la New Forest après la tombée de la nuit, soyez prêt à tout. Le garçon qui a survécu à l'**attaque** a grandi maintenant et ne va plus que rarement dans la forêt. Il fait encore des cauchemars de cette nuit-là et ne peut se défaire de l'impression que la Bête est toujours là, attendant de s'attaquer à des victimes sans méfiance.

Comprehension Questions

1. What is the New Forest?

2. What makes the New Forest special?

3. What are the rumours about the Beast of Brayton?

4. What did the boys see when they were playing in the forest?

5. What happened to one of the boys?

6. What did the other boy do?

7. What have people been saying about the Beast since the attack?

8. What does the boy who survived the attack think about the Beast?

9. What happens when the boy who survived the attack goes back into the forest?

Questions de compréhension

1. Qu'est-ce que la New Forest ?

2. Qu'est-ce qui rend la New Forest spéciale ?

3. Quelles sont les rumeurs concernant la Bête de Brayton ?

4. Qu'ont vu les garçons lorsqu'ils jouaient dans la forêt ?

5. Qu'est-il arrivé à l'un des garçons ?

6. Qu'a fait l'autre garçon ?

7. Que disent les gens à propos de la Bête depuis l'attaque ?

8. Que pense le garçon qui a survécu à l'attaque de la Bête ?

9. Que se passe-t-il lorsque le garçon qui a survécu à l'attaque retourne dans la forêt ?

Stone henge

The sun was setting on a cool **autumn** evening, and the last light of day shone upon the ancient stones of Stonehenge. For centuries, people have gazed upon this **mysterious** structure, wondering about its purpose and how it came to be. Some say that it is a temple built by Druids; others believe that it is a burial ground for fallen warriors. No one knows for sure. But on this night, as the shadows **lengthened** and the stars began to appear in the sky, something strange happened at Stonehenge. A soft glow appeared around the base of one of the largest stones, and then spread outward until the entire structure was illuminated with a gentle light. A sound like music began to fill the air, although there were no **instruments** to be seen anywhere near Stonehenge. The music seemed to come from within the stone itself, as if it were somehow alive. As those **gathered** around watched in wonderment, they saw figures emerging from within some of the stones—men and women dressed in long robes with hoods pulled up over their heads so that their faces could not be seen clearly.

Slowly, they made their way towards an altarstone, in front of which stood a man wearing a crown adorned with symbols that glittered in the moonlight. He raised

Henge en pierre

Le soleil se couchait par une fraîche soirée d'**automne**, et les dernières lueurs du jour éclairaient les pierres anciennes de Stonehenge. Pendant des siècles, les gens ont contemplé cette structure **mystérieuse**, s'interrogeant sur sa raison d'être et sa genèse. Certains disent qu'il s'agit d'un temple construit par les druides, d'autres pensent qu'il s'agit d'un cimetière pour les guerriers tombés au combat. Personne n'en est sûr. Mais cette nuit-là, alors que les ombres **s'allongeaient** et que les étoiles commençaient à apparaître dans le ciel, quelque chose d'étrange s'est produit à Stonehenge. Une douce lueur est apparue autour de la base de l'une des plus grandes pierres, puis s'est propagée vers l'extérieur jusqu'à ce que la structure entière soit illuminée d'une douce lumière. Un son semblable à celui de la musique a commencé à emplir l'air, bien qu'aucun **instrument** ne soit visible à proximité de Stonehenge. La musique semblait venir de l'intérieur de la pierre elle-même, comme si elle était en quelque sorte vivante. Alors que les personnes **rassemblées** autour de Stonehenge observaient avec émerveillement, elles ont vu des silhouettes émerger de l'intérieur de certaines pierres - des hommes et des femmes vêtus de longues robes avec des capuchons relevés sur la tête, de sorte que l'on ne pouvait pas voir

his arms towards heaven and spoke words that no one could understand. Then he knelt down before the altarstone and bowed his head. More figures emerged from other stones as he did so, including deer, badgers, foxes, hares, and other creatures **large** and small. They too went to kneel before the altar stone. For several minutes, nothing happened. Then suddenly, flames appeared atop the **stone**, leaping into the air and casting an eerie light over everything. In front of these flickering flames stood a woman clad in white robes trimmed with gold. She held a lantern in her hand from which poured forth a golden light that filled all of Stronghenge with **warmth** and radiance. After awhile, she's polite: "Welcome my children, both human and animal alike."

clairement leur visage.

Lentement, ils se dirigent vers une pierre d'autel, devant laquelle se tient un homme portant une couronne ornée de symboles qui scintillent au clair de lune. Il lève les bras vers le ciel et prononce des mots que personne ne peut comprendre. Puis il s'agenouilla devant la pierre d'autel et inclina la tête. D'autres silhouettes émergent alors d'autres pierres, dont des cerfs, des blaireaux, des renards, des lièvres et d'autres créatures, **grandes** et petites. Ils allèrent eux aussi s'agenouiller devant la pierre d'autel. Pendant plusieurs minutes, rien ne se passa. Puis soudain, des flammes apparurent au sommet de la **pierre**, s'élevant dans les airs et jetant une lumière sinistre sur tout. Devant ces flammes vacillantes se tenait une femme vêtue de robes blanches bordées d'or. Elle tenait dans sa main une lanterne d'où jaillissait une lumière dorée qui remplissait tout Stronghenge de **chaleur** et de rayonnement. Au bout d'un moment, elle est polie : "Bienvenue mes enfants, qu'ils soient humains ou animaux".

Comprehension Questions

1. What is the purpose of Stonehenge?

2. Who built Stonehenge?

3. What do people believe Stonehenge is?

4. What happened at Stonehenge on the night described in the text?

5. What did the figures that emerged from the stones do?

6. Who was the woman in white robes?

7. What did the woman in white robes say?

8. How did the people present feel after the woman spoke?

9. What did the animals do during the woman's speech?

Questions de compréhension

1. Quel est le but de Stonehenge ?

2. Qui a construit Stonehenge ?

3. Qu'est-ce que les gens croient que Stonehenge est ?

4. Que s'est-il passé à Stonehenge la nuit décrite dans le texte ?

5. Que faisaient les personnages qui sortaient des pierres ?

6. Qui était la femme en robe blanche ?

7. Qu'a dit la femme en robe blanche ?

8. Comment les personnes présentes se sont-elles senties après que la femme a parlé ?

9. Que faisaient les animaux pendant le discours de la femme ?

The Old Inn

The old inn was a popular stop for **weary** travelers. It was said that the food was delicious and the beds were comfortable. The innkeeper, Mrs. Saunders, was a kind woman who always had a smile for her guests. One cold winter night, a group of travelers arrived at the old inn seeking shelter from the **storm**. They were welcomed by Mrs. Saunders and given warm blankets and hot soup to chase away the chill. As they sat around the **fire**, sharing stories and laughter, they felt right at home. It wasn't long before they all retired to their rooms for the night. But as one traveler tried to open his door, he found it wouldn't budge. He called out to Mrs. Saunders, but there was no answer; she must have already gone to bed herself. He shook the door **handle** again, but still it wouldn't move.

Just then, he heard footsteps in the hallway and someone fumbling with **keys**. Mrs. Saunders came hurrying over, apologizing profusely. She explained that she had accidentally locked him in! After assuring him that it happened more often than she cared to admit, she finally got the door open. The traveler went into his room with a feeling of relief; he would definitely be getting a good night's **sleep** tonight! The next morning, the travelers woke to the smell of breakfast cooking.

La vieille auberge

La vieille auberge était un arrêt populaire pour les voyageurs **fatigués**. On disait que la nourriture était délicieuse et que les lits étaient confortables. L'aubergiste, Mme Saunders, était une femme aimable qui avait toujours un sourire pour ses invités. Par une froide nuit d'hiver, un groupe de voyageurs est arrivé à la vieille auberge pour s'abriter de la **tempête**. Ils furent accueillis par Mme Saunders et reçurent des couvertures chaudes et une soupe chaude pour chasser le froid. Assis autour du **feu**, partageant des histoires et des rires, ils se sont sentis comme chez eux. Il ne fallut pas longtemps avant qu'ils ne se retirent dans leurs chambres pour la nuit. Mais lorsqu'un voyageur a essayé d'ouvrir sa porte, il a constaté qu'elle ne bougeait pas. Il appela Mme Saunders, mais il n'y eut pas de réponse ; elle devait être déjà allée se coucher. Il secoua à nouveau la **poignée de la** porte, mais elle ne bougeait toujours pas.

À ce moment-là, il a entendu des bruits de pas dans le couloir et quelqu'un qui manipulait des **clés**. Mme Saunders s'est précipitée, s'excusant abondamment. Elle a expliqué qu'elle l'avait accidentellement enfermé à l'intérieur ! Après lui avoir assuré que cela arrivait plus souvent qu'elle ne voulait l'admettre, elle a finalement

They went downstairs to find Mrs. Saunders busy in the kitchen. She apologized for not being able to join them for breakfast but said she would be **happy** to serve them. The table was piled high with pancakes, bacon, eggs, and toast. Everyone dug in with gusto, enjoying the delicious food. As they were finishing up their meal, there was a knock at the door. Mrs. Saunders went to **answer** it and came back into the dining room, followed by a handsome young man. She introduced him as her son, Luke. He had come to help her with some chores around the inn. After Luke had gone out back to start **chopping** wood, Mrs. Saunders confided in her guests that she was getting too old to run the inn by herself and was glad her son had agreed to help her out.

Later that day, as they were preparing to leave, the travelers thanked Mrs. Saunders for her **hospitality**. They promised to spread word of the old inn far and wide so that others could enjoy its comfort and warmth. As the years went by, Mrs. Saunders continued to run the old inn with the help of her son, Luke. It remained a popular stop for **travelers** from all over.

réussi à ouvrir la porte. Le voyageur est entré dans sa chambre avec un sentiment de soulagement : il allait certainement passer une bonne nuit de **sommeil** ce soir ! Le lendemain matin, les voyageurs se réveillent avec l'odeur du petit-déjeuner. Ils descendirent pour trouver Mme Saunders occupée dans la cuisine. Elle s'est excusée de ne pas pouvoir se joindre à eux pour le petit-déjeuner mais a dit qu'elle serait **heureuse** de les servir. La table est remplie de crêpes, de bacon, d'oeufs et de toasts. Tout le monde s'y met avec ardeur, appréciant cette délicieuse nourriture. Alors qu'ils terminaient leur repas, on a frappé à la porte. Mme Saunders est allée **répondre** et est revenue dans la salle à manger, suivie d'un beau jeune homme. Elle le présente comme son fils, Luke. Il était venu l'aider à faire quelques travaux dans l'auberge. Après que Luke soit sorti pour commencer à **couper du** bois, Mme Saunders confie à ses invités qu'elle devient trop vieille pour gérer l'auberge toute seule et qu'elle est heureuse que son fils ait accepté de l'aider.

Plus tard ce jour-là, alors qu'ils se préparaient à partir, les voyageurs remercièrent Mme Saunders pour son **hospitalité**. Ils promirent de faire connaître la vieille auberge au plus grand nombre afin que d'autres puissent profiter de son confort et de sa chaleur. Au fil des ans, Mme Saunders a continué à gérer la vieille auberge avec l'aide de son fils, Luke. Elle restait une halte populaire pour les **voyageurs venus de** partout.

Comprehension Questions

1. What did the old inn provide for weary travelers?

2. Who was the innkeeper of the old inn?

3. What did the group of travelers do when they arrived at the old inn on the cold winter night?

4. What did the traveler find when he tried to open his door to go to bed?

5. Who came to the old inn the next morning?

6. What did Mrs. Saunders confide in her guests?

7. What did the group of travelers do before they left the old inn?

8. How did Mrs. Saunders feel when she found the old key hidden under the mattress in the room?

9. What did Luke tell Mrs. Saunders the key was for?

Questions de compréhension

1. Que proposait la vieille auberge aux voyageurs fatigués ?

2. Qui était l'aubergiste de la vieille auberge ?

3. Qu'a fait le groupe de voyageurs en arrivant à la vieille auberge par une froide nuit d'hiver ?

4. Qu'a trouvé le voyageur lorsqu'il a essayé d'ouvrir sa porte pour aller se coucher ?

5. Qui est venu à la vieille auberge le lendemain matin ?

6. Que confie Mme Saunders à ses invités ?

7. Qu'a fait le groupe de voyageurs avant de quitter la vieille auberge ?

8. Qu'a ressenti Mme Saunders lorsqu'elle a trouvé la vieille clé cachée sous le matelas de la chambre ?

9. A quoi Luke a dit à Mme Saunders que la clé servait ?

The Witch's Cottage

The cottage was small and unassuming, tucked away in the woods at the edge of town. It was said that a witch lived there, and children were warned to stay away. But one day, a curious little girl named Sarah decided to **venture** into the woods to see the witch's cottage for herself. Sarah knocked on the door, and an old woman answered. She had a kind face, but her eyes were piercing. "Can I help you?" she asked Sarah. "I just wanted to see your **cottage**," replied Sarah shyly. "They say you're a witch." The woman chuckled softly. "That's what they say about me, yes." She stepped aside and gestured for Sarah to come inside. The cottage was dark and musty, but not at all what Sarah had expected. There were no bubbling cauldrons or magical creatures lurking in the **shadows**. Instead, it just looked like a **normal** house. The witch offered Sarah a seat by the fire and began to tell her stories of her life. She told of growing up in the woods, learning **magic** from her mother, and eventually becoming a witch herself. Sarah listened eagerly to the witch's stories, entranced by her words.

She didn't want to leave when it started to get late, but she knew she had to go home before her parents

Le chalet de la sorcière

Le cottage était petit et sans prétention, niché dans les bois à l'orée de la ville. On disait qu'une sorcière y vivait, et les enfants étaient avertis de ne pas s'en approcher. Mais un jour, une petite fille curieuse nommée Sarah décida de **s'aventurer** dans les bois pour voir la chaumière de la sorcière par elle-même. Sarah a frappé à la porte, et une vieille femme a répondu. Elle avait un visage gentil, mais ses yeux étaient perçants. "Puis-je vous aider ?" demanda-t-elle à Sarah. "Je voulais juste voir votre **cottage**", répondit Sarah timidement. "On dit que vous êtes une sorcière." La femme a gloussé doucement. "C'est ce qu'on dit de moi, oui." Elle s'est écartée et a fait signe à Sarah d'entrer. Le cottage était sombre et moisi, mais pas du tout ce à quoi Sarah s'attendait. Il n'y avait pas de chaudrons bouillonnants ou de créatures magiques tapies dans l'**ombre**. Au lieu de cela, il ressemblait juste à une maison **normale**. La sorcière a offert à Sarah un siège près du feu et a commencé à lui raconter des histoires de sa vie. Elle a raconté qu'elle avait grandi dans les bois, que sa mère lui avait appris **la magie** et qu'elle avait fini par devenir elle-même une sorcière. Sarah écoutait avidement les histoires de la sorcière, fascinée par ses paroles.

started worrying about her. "Thank you for letting me visit your cottage," she said as she stood up to leave."It was very kind of you." As Sarah walked back through the woods towards **town**, she couldn't help but feel excited about what she had just experienced. She knew that she would never forget the time spent with the kindly old witch in her cottage **deep** in the woods. Sarah continued to visit the witch regularly, and she soon became like a grandmother to her. She would sit by the fire and listen to stories of magic and adventure, feeling happy and safe in the warmth of the cottage. As Sarah grew older, she started to help the witch with her work. She would gather **herbs** from the woods and help brew potions. It was always fun for her, even though she knew it wasn't really "real" magic. One day, when Sarah was helping the witch prepare for a **festival** in town, she asked if she could go along.

Elle ne voulait pas partir quand il commençait à être tard, mais elle savait qu'elle devait rentrer chez elle avant que ses parents ne commencent à s'inquiéter pour elle. "Merci de m'avoir laissé visiter votre chalet", a-t-elle dit en se levant pour partir. "C'était très gentil de votre part". En retournant vers la **ville** à travers les bois, Sarah ne pouvait s'empêcher de se sentir excitée par ce qu'elle venait de vivre. Elle savait qu'elle n'oublierait jamais le temps passé avec la gentille vieille sorcière dans sa chaumière **au fond des** bois. Sarah continua à rendre visite à la sorcière régulièrement, et elle devint bientôt comme une grand-mère pour elle. Elle s'asseyait au coin du feu et écoutait des histoires de magie et d'aventure, se sentant heureuse et en sécurité dans la chaleur de la chaumière. En grandissant, Sarah a commencé à aider la sorcière dans son travail. Elle ramassait des **herbes** dans les bois et aidait à préparer des potions. C'était toujours amusant pour elle, même si elle savait que ce n'était pas vraiment de la "vraie" magie. Un jour, alors que Sarah aidait la sorcière à préparer un **festival** en ville, elle lui demanda si elle pouvait l'accompagner.

Comprehension Questions

1. What does Sarah do when she first hears about the witch?

2. What does the witch's cottage look like on the inside?

3. What does Sarah do as she gets older?

4. What happens at the festival?

5. Who is the man in the black cloak?

6. What does the witch say about him?

7. Where does Sarah live?

8. How does Sarah feel about the witch?

9. How does the witch feel about Sarah?

10. What does Sarah do when she first hears about the witch?

Questions de compréhension

1. Que fait Sarah lorsqu'elle entend parler de la sorcière pour la première fois ?

2. A quoi ressemble la maison de la sorcière à l'intérieur ?

3. Que fait Sarah en vieillissant ?

4. Que se passe-t-il lors du festival ?

5. Qui est l'homme au manteau noir ?

6. Que dit la sorcière à son sujet ?

7. Où habite Sarah ?

8. Que pense Sarah de la sorcière ?

9. Que pense la sorcière de Sarah ?

10. Que fait Sarah lorsqu'elle entend parler de la sorcière pour la première fois ?

The hidden village

The hidden **village** was a secret place, known only to a few. It was a place of magic and mystery, where the impossible seemed possible. No one knew how the **village** had come to be, but it was said that it had been created by a powerful wizard. The wizard had used his magic to create an invisible barrier around the village, making it impossible for anyone to find them unless they were invited. The villagers were a **friendly** bunch, always willing to help those in need. They were also very protective of their home and would do anything to keep outsiders from discovering their **secret**. One day, a young woman named Sarah stumbled upon the hidden village by accident. She had been out for a walk in the woods when she suddenly found herself in front of an invisible barrier.

She was about to turn back when she heard someone calling her name. It was a voice she recognized instantly as belonging to her childhood friend, John. He had disappeared years ago and was presumed dead. But there he was, alive and well and living in the hidden village! Sarah quickly learned that the villagers were very welcoming and soon made many friends among them. She also discovered that they **possessed** magical powers, which they used to help those in

Le village caché

Le village caché était un lieu secret, connu seulement de quelques personnes. C'était un lieu de magie et de mystère, où l'impossible semblait possible. Personne ne savait comment le **village** avait vu le jour, mais on disait qu'il avait été créé par un puissant magicien. Le magicien avait utilisé sa magie pour créer une barrière invisible autour du village, rendant impossible à quiconque de le trouver à moins d'y être invité. Les villageois étaient **sympathiques** et toujours prêts à aider ceux qui en avaient besoin. Ils étaient également très protecteurs de leur maison et étaient prêts à tout pour empêcher les étrangers de découvrir leur **secret**. Un jour, une jeune femme nommée Sarah est tombée par hasard sur le village caché. Elle se promenait dans les bois lorsqu'elle s'est soudainement retrouvée devant une barrière invisible.

Elle était sur le point de faire demi-tour quand elle a entendu quelqu'un l'appeler. C'était une voix qu'elle a reconnu instantanément comme appartenant à son ami d'enfance, John. Il avait disparu il y a des années et était présumé mort. Mais il était là, bien vivant, et il vivait dans le village caché ! Sarah apprend rapidement que les villageois sont très accueillants et se fait rapidement de nombreux amis parmi eux.

need. The more time she spent in the village, the more convinced she became that this was where she belonged. And so, with John's help, Sarah decided to stay permanently in the **hidden** village and become one of its protectors. As the years passed, Sarah became a powerful witch herself. She used her magic to help the villagers and keep outsiders from discovering their secret. She also took John on as her apprentice, teaching him everything she knew about magic.

Together, they kept the hidden village safe and **protected** from harm. And they lived happily ever after! One day, Sarah was out walking in the woods near the hidden village when she heard a strange noise. It sounded like someone was crying. She followed the sound until she came to a clearing and saw a young girl sitting on the ground, sobbing her heart out. Sarah approached her cautiously and asked what was wrong. The girl, who introduced herself as Lily, explained that she had been playing with her friends in the forest when they suddenly **disappeared**. She didn't know how to find them and was scared that something bad had happened to them. Sarah assured Lily that she would help her find her friends.

Elle a également découvert qu'ils **possédaient des** pouvoirs magiques, qu'ils utilisaient pour aider ceux qui en avaient besoin. Plus elle passait de temps dans le village, plus elle était convaincue que c'était là qu'était sa place. Ainsi, avec l'aide de John, Sarah décida de rester définitivement dans le village **caché** et de devenir l'une de ses protectrices. Au fil des ans, Sarah devint elle-même une puissante sorcière. Elle utilisa sa magie pour aider les villageois et empêcher les étrangers de découvrir leur secret. Elle prit également John comme apprenti, lui apprenant tout ce qu'elle savait sur la magie.

Ensemble, ils ont gardé le village caché en sécurité et **à l'abri** du danger. Et ils vécurent heureux jusqu'à la fin des temps ! Un jour, Sarah se promenait dans les bois près du village caché lorsqu'elle entendit un bruit étrange. On aurait dit que quelqu'un pleurait. Elle suivit le bruit jusqu'à ce qu'elle arrive à une clairière et vit une jeune fille assise sur le sol, pleurant à chaudes larmes. Sarah s'est approchée d'elle avec précaution et lui a demandé ce qui n'allait pas. La jeune fille, qui s'est présentée comme Lily, a expliqué qu'elle jouait avec ses amis dans la forêt lorsqu'ils ont soudainement **disparu**. Elle ne savait pas comment les retrouver et avait peur que quelque chose de grave leur soit arrivé. Sarah a assuré à Lily qu'elle l'aiderait à retrouver ses amis.

Comprehension Questions

1. What was the hidden village?

2. How did Sarah find the hidden village?

3. What did Sarah do when she found Lily in the woods?

4. What was the problem Lily was having?

5. How did Sarah help Lily?

6. What did Sarah do after she helped Lily?

7. What was the village said to be created by?

8. How did the wizard make the village hidden?

9. What did Sarah become to the village?

10. Who did Sarah teach magic to?

Questions de compréhension

1. Quel était le village caché ?

2. Comment Sarah a-t-elle trouvé le village caché ?

3. Qu'a fait Sarah quand elle a trouvé Lily dans les bois ?

4. Quel était le problème que Lily avait ?

5. Comment Sarah a-t-elle aidé Lily ?

6. Qu'a fait Sarah après avoir aidé Lily ?

7. Par quoi a-t-on dit que le village avait été créé ?

8. Comment le magicien a-t-il fait pour que le village soit caché ?

9. Qu'est-ce que Sarah est devenue pour le village ?

10. A qui Sarah a-t-elle enseigné la magie ?

The lonely lighthouse

The lonely lighthouse stood on the edge of the **cliff**, overlooking the sea. It had been there for many years, and it was said that it was haunted by the ghost of a sailor who had died in a shipwreck. Some people said that they had seen his ghost walking around inside the lighthouse, and others said that they had heard strange noises coming from inside it. But no one knew for sure if there really was a **ghost** or not. One night, a storm blew up and waves crashed against the rocks below the lighthouse. The wind howled through its **windows** and doors, and everyone who lived nearby thought that surely this would be the night when the old lighthouse would finally collapse into pieces and be swept away by the sea. But somehow, miraculously, the lighthouse survived intact. And when **morning** came, those who looked out to see it standing tall and proud as ever could have sworn that they saw a figure in nautical clothing waving to them from one of its windows.

The lonely lighthouse had been standing on the edge of the cliff for many years, and it was said to be haunted by the ghost of a sailor who had died in a shipwreck. Some people claimed to have seen his ghost walking

Le phare solitaire

Le phare solitaire se tenait au bord de la **falaise**, surplombant la mer. Il était là depuis de nombreuses années, et on disait qu'il était hanté par le fantôme d'un marin mort dans un naufrage. Certaines personnes ont dit avoir vu son fantôme se promener à l'intérieur du phare, et d'autres ont dit avoir entendu des bruits étranges provenant de l'intérieur. Mais personne ne savait avec certitude s'il y avait vraiment un **fantôme** ou non. Une nuit, une tempête a éclaté et les vagues se sont écrasées contre les rochers en dessous du phare. Le vent hurlait à travers les **fenêtres** et les portes, et tous les habitants des environs pensaient que c'était sûrement la nuit où le vieux phare allait finalement s'effondrer en morceaux et être emporté par la mer. Mais d'une manière ou d'une autre, miraculeusement, le phare a survécu intact. Et au **matin**, ceux qui ont regardé dehors pour le voir se tenir droit et fier comme jamais auraient pu jurer qu'ils avaient vu une silhouette en tenue de marin leur faire signe depuis l'une de ses fenêtres.

Le phare solitaire se dressait au bord de la falaise depuis de nombreuses années, et on disait qu'il était

around inside the lighthouse, while others said they had heard strange noises coming from within its walls. But no one knew for sure if there really was a ghost or not. One night, during a **fierce** storm, waves crashed against the rocks below the lighthouse, and **wind** howled through its windows and doors. Everyone who lived nearby thought that surely this would be the night when the old lighthouse would finally collapse into pieces and be swept away by the sea. But miraculously, the lighthouse survived intact. And when morning came, those who looked out to see it standing tall and proud as ever could have sworn they saw a figure in nautical **clothing** waving to them from one window. The lonely lighthouse had been standing on the edge of the cliff for many years, and it was said to be haunted by the ghost of a sailor who had died in a shipwreck. Some people claimed to have seen his ghost walking around **inside** the lighthouse, while others said they had heard strange noises coming from within its walls. But no one knew for sure if there really was a ghost or not.

hanté par le fantôme d'un marin mort dans un naufrage.
Certaines personnes affirmaient avoir vu son fantôme
se promener à l'intérieur du phare, tandis que d'autres
disaient avoir entendu des bruits étranges provenant de
ses murs. Mais personne ne savait avec certitude s'il y
avait vraiment un fantôme ou non. Une nuit, au cours
d'une **violente** tempête, les vagues se sont écrasées
contre les rochers en contrebas du phare, et le **vent**
a hurlé à travers les fenêtres et les portes. Tous ceux
qui vivaient à proximité pensaient que c'était sûrement
la nuit où le vieux phare allait finalement s'effondrer
en morceaux et être emporté par la mer. Mais
miraculeusement, le phare est resté intact. Et au matin,
ceux qui ont regardé dehors pour le voir se dresser, fier
comme jamais, auraient juré avoir vu une silhouette en
tenue de marin leur faire signe depuis une fenêtre. Le
phare solitaire se trouvait au bord de la falaise depuis
de nombreuses années et on disait qu'il était hanté
par le fantôme d'un marin mort dans un naufrage.
Certaines personnes affirmaient avoir vu son fantôme
se promener à l'**intérieur du** phare, tandis que d'autres
disaient avoir entendu des bruits étranges provenant de
ses murs. Mais personne ne savait avec certitude s'il y
avait vraiment un fantôme ou non.

Comprehension Questions

1. What was the lighthouse said to be haunted by?

2. How long had the lighthouse been standing on the edge of the cliff?

3. What did people say they had seen and heard coming from the lighthouse?

4. One night during a storm, what did everyone who lived nearby think would happen to the lighthouse?

5. Why were they surprised to see the lighthouse standing tall and proud the next morning?

6. What do you think the figure in nautical clothing was doing in the window of the lighthouse?

7. Do you think the lighthouse is really haunted? Why or why not?

8. What do you think the figure in the window was trying to tell the people who saw it?

9. What do you think would happen if you spent a night in the lighthouse?

Questions de compréhension

1. Par quoi le phare était-il hanté ?

2. Depuis combien de temps le phare se trouvait-il au bord de la falaise ?

3. Qu'est-ce que les gens ont dit avoir vu et entendu venant du phare ?

4. Une nuit, pendant une tempête, qu'est-ce que tous les habitants des environs pensaient qu'il allait arriver au phare ?

5. Pourquoi ont-ils été surpris de voir le phare se tenir droit et fier le lendemain matin ?

6. À votre avis, que faisait le personnage en tenue de marin à la fenêtre du phare ?

7. Pensez-vous que le phare est vraiment hanté ? Pourquoi ou pourquoi pas ?

8. A votre avis, qu'est-ce que le personnage de la fenêtre essayait de dire aux gens qui l'ont vu ?

9. A ton avis, que se passerait-il si tu passais une nuit dans le phare ?

At the beach

After sunrise, the waves are louder and the sand above the tide is white. I walk down to the beach, **admiring** the sea and the sun. My toes feel the grooves of shells. The sand is cold on my toes. I smile and keep going. The tide is high, so I have to be careful not to get pulled in. I walk along the water's edge, admiring the sea. The sunrise is **beautiful**, and the waves are crashing. I feel so peaceful. I come to a spot where there is a rock outcropping. I sit down and watch the waves. The water is so blue and the sky is so **orange**. I feel like I'm in a dream. I close my eyes and just listen to the waves. I sat there for a long time, until I heard someone calling my name.

I open my eyes and see my mom walking towards me. She has a worried look on her face. I smile and wave, and she **relaxes**. "I was wondering where you went," she says. "I'm glad you're enjoying the beach." I reply, "I am." "It's so beautiful here." "I know," she says. "I used to come here all the time when I was your age." "Really?" I ask. "Yeah," she replies. "It's a special place.""Did you ever meet anyone special here?" I ask. "I did," she replies with a smile. "Your father." "Really?" I say, **surprised**. "Yes," she says. "We used to come here all the time together. It's where we fell in love. "

A la plage

Après le lever du soleil, les vagues sont plus fortes et le sable au-dessus de la marée est blanc. Je marche jusqu'à la plage, **admirant** la mer et le soleil. Mes orteils sentent les rainures des coquillages. Le sable est froid sur mes orteils. Je souris et je continue. La marée est haute, alors je dois faire attention à ne pas me laisser entraîner. Je marche le long du bord de l'eau, en admirant la mer. Le lever du soleil est **magnifique**, et les vagues s'écrasent. Je me sens si paisible. J'arrive à un endroit où il y a un affleurement rocheux. Je m'assieds et je regarde les vagues. L'eau est si bleue et le ciel est si **orange**. J'ai l'impression d'être dans un rêve. Je ferme les yeux et je me contente d'écouter les vagues. Je suis restée assise pendant un long moment, jusqu'à ce que j'entende quelqu'un m'appeler.

J'ouvre les yeux et je vois ma mère marcher vers moi. Elle a un air inquiet sur le visage. Je souris et je lui fais signe, et elle **se détend**. "Je me demandais où tu étais allée", dit-elle. "Je suis contente que tu profites de la plage." Je réponds : "J'en profite." "C'est tellement beau ici." "Je sais", dit-elle. "Je venais ici tout le temps quand j'avais ton âge." "Vraiment ?" Je demande. "Ouais", répond-elle. "C'est un endroit spécial." "As-tu déjà rencontré quelqu'un de spécial ici ?" Je demande. "Oui",

I smile, **imagining** my parents falling in love on this beautiful beach. "It's a special place," she repeats. "I'm glad you came here today."

We sit there for a while longer, **watching** the waves and the sunset. Then we get up and walk back to our beach towels. I lie down and look at the stars. I feel so happy and content. The waves are louder now, and the sand is cold. The sun is setting and a cool breeze is blowing. The waves are crashing against the shore, and the smell of salt is in the air. It is a perfect evening to be at the beach. I am walking along the shore, **listening** to the sound of the waves and watching the sunset. I see a group of people sitting on the sand, laughing and joking around. They look like they are having a great time. I walk over to them and ask if I can join them. They say yes, and we spend the rest of the evening talking, laughing, and watching the **sunset**. It is a perfect evening. The group and I talk until the sun sets. We share stories and jokes, and we all have a great time. As the night starts to fall, we all start to feel tired. We kiss each other **goodbye** and part ways. I walk back to my hotel, feeling happy and content. I can't believe how lovely it is here. I'm so lucky to have **experienced** it.

répond-elle avec un sourire. "Ton père." "Vraiment ?"
Je dis, **surpris**. "Oui," dit-elle. "Nous avions l'habitude
de venir ici tout le temps ensemble. C'est là que nous
sommes tombés amoureux. " Je souris, **imaginant**
mes parents tombant amoureux sur cette magnifique
plage. " C'est un endroit spécial ", répète-t-elle. "Je suis
contente que tu sois venu ici aujourd'hui."

Nous restons assis là un moment de plus, à **regarder**
les vagues et le coucher de soleil. Puis nous nous
levons et retournons à nos serviettes de plage.
Je m'allonge et regarde les étoiles. Je me sens si
heureuse et satisfaite. Les vagues sont plus fortes
maintenant, et le sable est froid. Le soleil se couche et
une brise fraîche souffle. Les vagues s'écrasent sur le
rivage et l'odeur du sel flotte dans l'air. C'est une soirée
parfaite pour être à la plage. Je me promène le long du
rivage, en **écoutant le** bruit des vagues et en regardant
le coucher du soleil. Je vois un groupe de personnes
assises sur le sable, qui rient et plaisantent. Ils ont
l'air de passer un bon moment. Je m'approche d'eux
et leur demande si je peux les rejoindre. Ils acceptent
et nous passons le reste de la soirée à parler, à rire
et à regarder le **coucher de soleil**. C'est une soirée
parfaite. Le groupe et moi parlons jusqu'au coucher du
soleil. Nous partageons des histoires et des blagues,
et nous passons tous un bon moment. À la tombée de
la nuit, nous commençons tous à nous sentir fatigués.
Nous nous embrassons et nous nous séparons.

Comprehension Questions

1. Where does the narrator go after she wakes up?

2. What is the narrator admiring as she walks along the beach?

3. What does the narrator have to watch out for as she walks along the beach?

4. Where does the narrator sit down to enjoy the view?

5. How long does the narrator sit there?

6. Whom does the narrator see when she opens her eyes again?

7. What does the narrator's mother say?

8. What do the narrator and the people she meets talk about?

Questions de compréhension

1. Où va la narratrice après son réveil ?

2. Qu'est-ce que la narratrice admire en marchant le long de la plage ?

3. De quoi la narratrice doit-elle se méfier lorsqu'elle marche le long de la plage ?

4. Où le narrateur s'assoit-il pour profiter de la vue ?

5. Combien de temps le narrateur reste-t-il assis là ?

6. Qui la narratrice voit-elle lorsqu'elle ouvre à nouveau les yeux ?

7. Que dit la mère du narrateur ?

8. De quoi parlent la narratrice et les personnes qu'elle rencontre ?

Camping at the Lake

I walk towards the lake, **admiring** the peacefulness of the scene. The sun is beating down on the small lake, making the water look like a sheet of glass. The only movement is the occasional ripple from a fish **breaking** the surface. Even the birds seem to be taking a break from the heat, with only the sound of cicadas filling the air. **Suddenly**, the peace is broken by a loud splash. A large **fish** has jumped out of the water, trying to catch a dragonfly. The fish misses its target and falls back into the water with a splash. "Wow," I think to myself, "that was a big fish!." I looked around to see if anyone else saw it, but there was no one around. I guess I'll have to tell them when I get back to camp.

The heat is **oppressive**, making it hard to breathe. The air is thick and heavy, like a blanket wrapped around you. The only relief is in the water. It is cool and refreshing, like a cold drink on a hot day. I take a deep breath and dive into the water. The relief is immediate as the cool water surrounds me. I swim down to the bottom and then back up to the surface, feeling the water cool my body. I continue **swimming** laps, enjoying the respite from the heat. After a while, I get out of the water and lie down on the grass, letting the sun dry my body. I close my eyes and drift off to

Camping au lac

Je me dirige vers le lac, **admirant** la tranquillité de la scène. Le soleil tape sur le petit lac, faisant ressembler l'eau à une feuille de verre. Le seul mouvement est l'ondulation occasionnelle d'un poisson **brisant la** surface. Même les oiseaux semblent prendre une pause de la chaleur, avec seulement le son des cigales remplissant l'air. **Soudain**, la paix est rompue par un grand plouf. Un gros **poisson** a sauté hors de l'eau, essayant d'attraper une libellule. Le poisson rate sa cible et retombe dans l'eau avec un plouf. "Wow," je me dis, "c'était un gros poisson !". J'ai regardé autour de moi pour voir si quelqu'un d'autre l'avait vu, mais il n'y avait personne. Je suppose que je devrai leur dire quand je rentrerai au camp.

La chaleur est **oppressante**, il est difficile de respirer. L'air est épais et lourd, comme une couverture qui vous enveloppe. Le seul soulagement est dans l'eau. Elle est fraîche et rafraîchissante, comme une boisson fraîche par une journée chaude. Je prends une profonde inspiration et je plonge dans l'eau. Le soulagement est immédiat car l'eau fraîche m'entoure. Je nage jusqu'au fond, puis remonte à la surface, sentant l'eau refroidir mon corps. Je continue à **faire** des longueurs, appréciant le répit de la chaleur. Après un moment,

sleep, the sound of the **cicadas** lulling me into a deep slumber. I let the sun bake the water out of my skin. I can feel my skin getting red, but I don't care. I am too hot to care. The next thing I know, the sun is setting. The sky is a beautiful orange, with streaks of pink and purple. The heat is gone, replaced by a cool **breeze**.

I get up and put my clothes back on, feeling refreshed and rejuvenated. I take a deep **breath** of the cool air and smile. It feels good to be alive. I walk back to the campsite, admiring the way the colors dance in the sky. I can see the campfire burning in the distance, and I can smell the smoke in the air. I smile and **quicken** my pace. I am ready to relax and enjoy the rest of my evening. I walk into the campsite and see that everyone is gathered around the fire. They are **laughing** and joking, and I can see the fire reflecting in their eyes. I smile and sit down next to my friends. It is good to be back. The next morning, I wake up early and start to pack up my things. I am eager to get back on the trail and continue my journey. I say goodbye to my friends and start to walk away. As I walk, I take one last look at the **campsite**. I can see the fire still burning in the distance, and I can smell the smoke in the air. I smile and quicken my pace. I'm ready to continue my **journey**.

je sors de l'eau et je m'allonge sur l'herbe, laissant le soleil sécher mon corps. Je ferme les yeux et m'endors, le son des **cigales** me berce dans un profond sommeil. Je laisse le soleil faire sortir l'eau de ma peau. Je sens que ma peau devient rouge, mais je m'en moque. J'ai trop chaud pour m'en soucier. La prochaine chose que je sais, c'est que le soleil se couche. Le ciel est d'un bel orange, avec des traces de rose et de violet. La chaleur a disparu, remplacée par une **brise** fraîche.

Je me lève et me rhabille, me sentant rafraîchie et rajeunie. Je **respire** profondément l'air frais et je souris. C'est bon d'être en vie. Je retourne au camping, en admirant la façon dont les couleurs dansent dans le ciel. Je peux voir le feu de camp qui brûle au loin et je peux sentir la fumée dans l'air. Je souris et j'**accélère le** pas. Je suis prête à me détendre et à profiter du reste de ma soirée. J'entre dans le camping et je vois que tout le monde est rassemblé autour du feu. Ils **rient** et plaisantent, et je peux voir le feu se refléter dans leurs yeux. Je souris et m'assieds à côté de mes amis. C'est bon d'être de retour. Le lendemain matin, je me réveille tôt et je commence à préparer mes affaires. J'ai hâte de retourner sur le sentier et de poursuivre mon voyage. Je dis au revoir à mes amis et commence à m'éloigner. En marchant, je jette un dernier regard sur le **camping**. Je peux voir le feu qui brûle toujours au loin et je peux sentir la fumée dans l'air. Je souris et j'accélère le pas. Je suis prêt à poursuivre mon **voyage**.

Comprehension Questions

1. Where is the walker going?

2. What kind of weather is it?

3. What does the water look like?

4. How does the walker react to the heat?

5. What is the fish doing?

6. Why is the walker alone?

7. How does the water feel?

8. How does the walker feel after swimming?

9. What time of day is it when the walker wakes up?

10. Where does the walker go when he leaves the camp?

Questions de compréhension

1. Où va le marcheur ?

2. Quel temps fait-il ?

3. À quoi ressemble l'eau ?

4. Comment le marcheur réagit-il à la chaleur ?

5. Que fait le poisson ?

6. Pourquoi le marcheur est-il seul ?

7. Quelle est la sensation de l'eau ?

8. Comment le marcheur se sent-il après avoir nagé ?

9. A quelle heure de la journée le déambulateur se réveille-t-il ?

10. Où va le marcheur quand il quitte le camp ?

The House

I moved into my new house last week, and I am so **excited**! It is so much bigger than my old one, and it has a big backyard. I can't wait to have friends over for BBQs and parties. My **favourite** part is my new bedroom. It is so big and bright, and I have lots of space to put all of my things. I am really happy with my new house and I think I will be very happy here. I decided to explore the house a bit more. I went upstairs to the second floor and started making my way to the kitchen when I saw a big black spider on the wall! I screamed and ran downstairs. I was so **scared**! But after a few minutes, I calmed down and decided to go back upstairs. I slowly made my way to the kitchen and saw that the spider was gone. I was so relieved! I went back downstairs and decided to go outside to explore the **backyard**. It was so big! I couldn't believe it. I saw a swing set in the corner and a slide. I also saw a basketball net and a **trampoline**. I was so excited!

I can't wait to use all of this new stuff. The **neighbours** came over and introduced themselves. They seemed really nice, and we talked for a while. They invited me to their BBQ next weekend, and I said I would love to come. I had a great first week in my new house, and I am excited about all of the new adventures that are ahead. Today, I am going to go exploring in the

La Maison

J'ai emménagé dans ma nouvelle maison la semaine dernière, et je suis si **excitée** ! Elle est tellement plus grande que l'ancienne, et elle a un grand jardin. J'ai hâte d'inviter des amis pour des barbecues et des fêtes. Ce que je **préfère,** c'est ma nouvelle chambre. Elle est si grande et lumineuse, et j'ai beaucoup d'espace pour mettre toutes mes affaires. Je suis très contente de ma nouvelle maison et je pense que je serai très heureuse ici. J'ai décidé d'explorer un peu plus la maison. Je suis monté au deuxième étage et j'ai commencé à me diriger vers la cuisine quand j'ai vu une grosse araignée noire sur le mur ! J'ai crié et j'ai couru en bas. J'avais tellement **peur** ! Mais après quelques minutes, je me suis calmée et j'ai décidé de retourner à l'étage. J'ai lentement fait mon chemin vers la cuisine et j'ai vu que l'araignée était partie. J'étais tellement soulagée ! Je suis redescendu et j'ai décidé de sortir pour explorer le **jardin**. Elle était si grosse ! Je n'arrivais pas à y croire. J'ai vu une balançoire dans le coin et un toboggan. J'ai aussi vu un filet de basket et un **trampoline**. J'étais tellement excitée!

J'ai hâte d'utiliser tous ces nouveaux trucs. Les **voisins** sont venus et se sont présentés. Ils avaient l'air très gentils, et nous avons parlé un moment. Ils m'ont invité à leur barbecue le week-end prochain, et j'ai dit que j'aimerais beaucoup venir. J'ai passé une excellente

backyard again and see what else I can find. Who knows, maybe I'll even find some **treasure**. I can't wait to see what the next week brings! The next week, I went exploring in the backyard again, and I found a **secret** garden. It was so beautiful! There were flowers everywhere and a little pond with fish in it. I also saw a swing set that I hadn't seen before. I was so excited to find this secret garden, and I can't wait to explore it more. It was so **beautiful!**

There were flowers everywhere and a little pond with fish in it. I also saw a **swing** set that I hadn't seen before. I was so excited to find this secret garden, and I can't wait to explore it more. I also loved my new room. It was so big and bright, and there were already posters of my favourite bands on the walls. I didn't even have to bring any of my own **furniture** because there was already a bed, dresser, and desk here. This is going to be the best year ever! I was a little nervous about starting at a new **school**, but all of my new neighbours have been so friendly. I even met a girl who lives next door, and she says that she'll walk to school with me on my first day. I love my new house, and I'm so excited to start this new chapter in my life! Tomorrow is going to be great! I wonder what adventures lie ahead. All of my belongings have been unpacked, and I'm ready for bed. I can't wait to see what **tomorrow** brings!

première semaine dans ma nouvelle maison et j'ai hâte de vivre toutes les nouvelles aventures qui m'attendent. Aujourd'hui, je vais encore aller explorer le jardin et voir ce que je peux trouver d'autre. Qui sait, peut-être vais-je même trouver un **trésor**. J'ai hâte de voir ce que la semaine prochaine nous réserve ! La semaine suivante, je suis retourné explorer le jardin et j'ai trouvé un jardin **secret**. C'était tellement beau ! Il y avait des fleurs partout et un petit étang avec des poissons dedans. J'ai aussi vu une balançoire que je n'avais jamais vue auparavant. J'étais si excitée de trouver ce jardin secret, et j'ai hâte de l'explorer davantage. C'était tellement **beau** !

Il y avait des fleurs partout et un petit étang avec des poissons dedans. J'ai aussi vu une **balançoire** que je n'avais jamais vue auparavant. J'étais si excitée de trouver ce jardin secret, et j'ai hâte de l'explorer davantage. J'ai aussi adoré ma nouvelle chambre. Elle était si grande et lumineuse, et il y avait déjà des posters de mes groupes préférés sur les murs. Je n'ai même pas eu besoin d'apporter mes propres **meubles** car il y avait déjà un lit, une commode et un bureau. Ça va être la meilleure année de ma vie ! J'étais un peu nerveux à l'idée de commencer dans une nouvelle **école**, mais tous mes nouveaux voisins ont été si gentils. J'ai même rencontré une fille qui habite à côté et elle m'a dit qu'elle m'accompagnerait à l'école le premier jour.

Comprehension Questions

1. Where does the person live?

2. How does the person like it in the new house?

3. What is the person's favorite part of the new house?

4. What did the person find in the garden?

5. Who are the neighbors?

6. How did the person's first days in the new house feel?

7. What is the person's favorite part of the new room?

8. What is the person planning to do tomorrow?

9. What was the best part of the person's first week in the new house?

10. What is everything in the person's new room?

Questions de compréhension

1. Où vit la personne ?

2. Comment la personne se sent-elle dans sa nouvelle maison ?

3. Quelle est la partie de la nouvelle maison que la personne préfère ?

4. Qu'est-ce que la personne a trouvé dans le jardin ?

5. Qui sont les voisins ?

6. Comment se sont passés les premiers jours de la personne dans sa nouvelle maison ?

7. Quelle est la partie de la nouvelle pièce que la personne préfère ?

8. Qu'est-ce que la personne prévoit de faire demain ?

9. Quelle a été la meilleure partie de la première semaine de la personne dans sa nouvelle maison ?

10. Qu'y a-t-il dans la nouvelle chambre de la personne ?

On the train

I ran to the train station, but I was too late. The train had already left without me. I felt so **angry** and **disappointed** with myself. I had been planning to take the train to visit my grandparents who live in the country, but now I would have to wait a whole hour for the next train. I decided to walk around the city for a while instead and tried to forget about my missed opportunity. As I walked, I started **daydreaming** about all of the places that **trains** can take you. Suddenly, I wasn't so upset anymore. I head back into the station and can't help but to notice the large red, white, and blue locomotive chugging its way towards me. It's not until I see the **conductor** waving at me from the window that I realise that this train is for me. I board the train and find my seat, settling in for what promises to be a long journey.

As we pull out of the station, I can't help but wonder where this train will take me. Through **fields** of green and over rivers blue, past mountains and valleys too, there's no telling where this old train will go. As night begins to fall, I drift off into a **peaceful** sleep, lulled by the **rhythmic** movement of the cars on the tracks below. When morning comes again, I open my eyes to find that we've arrived in a small town somewhere

Dans le train

J'ai couru jusqu'à la gare, mais c'était trop tard. Le train était déjà parti sans moi. Je me suis sentie tellement **en colère** et **déçue** de moi-même. J'avais prévu de prendre le train pour rendre visite à mes grands-parents qui vivent à la campagne, mais maintenant je devais attendre le prochain train pendant une heure entière. J'ai décidé de me promener un peu dans la ville à la place et j'ai essayé d'oublier cette occasion manquée. En marchant, j'ai commencé à **rêver à** tous les endroits où le **train** peut vous emmener. Soudain, je n'étais plus aussi contrariée. Je suis retourné dans la gare et je n'ai pu m'empêcher de remarquer la grande locomotive rouge, blanche et bleue qui se dirigeait vers moi. Ce n'est que lorsque je vois le **conducteur** me faire signe par la fenêtre que je réalise que ce train est pour moi. Je monte dans le train et trouve mon siège, m'installant pour ce qui promet d'être un long voyage.

Alors que nous sortons de la gare, je ne peux m'empêcher de me demander où ce train va m'emmener. À travers des **champs** verts et des rivières bleues, en passant par des montagnes et des vallées, on ne sait pas où ce vieux train va aller. À la tombée de la nuit, je m'endors **paisiblement**, bercé par le mouvement **rythmique** des wagons sur les rails en contrebas. Quand le matin revient, j'ouvre les yeux

in the middle of nowhere. The sun is just peeking over the horizon as locals start milling about on Main Street; it looks like any other day here except for one thing-there's a big sign posted near City Hall that reads "Welcome aboard!" It seems this little town has been expecting us, even though we're just an ordinary **passenger** train passing through on our way elsewhere. As we leave town behind us once more, chugging along towards who knows where next, I smile at all the friendly faces waving goodbye from those little houses nestled amongst **farmland**—it really is amazing how something so seemingly ordinary can bring so much joy simply by passing through. And then, of course, there are the **children**.

I lean out the window of my locomotive. They always make me feel so happy with their shining eyes and big grins. I waved back at them energetically before returning to my **cabin** and taking a seat. It's been a long day already, but it's not over yet; there's still another few hours until we reach our final **destination**. I pull out my book and start reading, letting the rhythmic rocking of the train lull me into a peaceful state.

pour constater que nous sommes arrivés dans une petite ville quelque part au milieu de nulle part. Le soleil pointe à peine à l'horizon et les habitants commencent à s'agiter dans la rue principale ; c'est un jour comme les autres ici, à l'exception d'une chose : il y a un grand panneau près de l'hôtel de ville qui dit "Bienvenue à bord". Il semble que cette petite ville nous attendait, même si nous ne sommes qu'un train de **voyageurs** ordinaire qui passe par là pour aller ailleurs. Alors que nous laissons la ville derrière nous une fois de plus, en direction d'on ne sait où, je souris à tous les visages amicaux qui nous saluent depuis ces petites maisons nichées au milieu des **terres agricoles - c**'est vraiment étonnant de voir comment quelque chose d'apparemment si ordinaire peut apporter tant de joie simplement en passant par là. Et puis, bien sûr, il y a les **enfants**.

Je me penche par la fenêtre de ma locomotive. Ils me rendent toujours si heureux avec leurs yeux brillants et leurs grands sourires. Je leur fais un signe de la main énergique avant de retourner dans ma **cabine** et de m'asseoir. La journée a déjà été longue, mais elle n'est pas encore terminée ; il reste encore quelques heures avant d'atteindre notre **destination** finale. Je sors mon livre et commence à lire, laissant le balancement rythmique du train me bercer dans un état paisible.

Comprehension Questions

1. Where is the train going?

2. Who is traveling on the train?

3. When does the train leave?

4. How does the protagonist get on the train?

5. Where does the train come from?

6. Where is the train going next?

7. When did the passengers arrive?

8. How does the protagonist feel when he misses the train?

9. How does the train driver react when he sees the protagonist?

10. Why does the protagonist like trains?

Questions de compréhension

1. Où va le train ?

2. Qui voyage dans le train ?

3. Quand le train part-il ?

4. Comment le protagoniste monte-t-il dans le train ?

5. D'où vient le train ?

6. Où le train va-t-il ensuite ?

7. Quand les passagers sont-ils arrivés ?

8. Que ressent le protagoniste lorsqu'il rate le train ?

9. Comment le conducteur du train réagit-il lorsqu'il voit le protagoniste ?

10. Pourquoi le protagoniste aime-t-il les trains ?

Cooking Dinner

It's 5 pm now and I am walking home from work. I'm looking **forward** to having a calm evening at home with my partner. We'll cook dinner together and then just relax for the rest of the night. It feels good to know that I don't have any plans or obligations this **evening**. I arrive home and my partner is already in the kitchen, starting to prepare our dinner. It smells **amazing** in here! We chat as we cook, catching up on each other's days and sharing little stories from our work lives. The kitchen is my favourite room in our apartment. I love cooking, and I especially love cooking with my partner. We always have such a good time in here, laughing and joking around while we cook up a storm. Plus, the food is always **incredible** when we work **together**.

Tonight, we're making one of my all-time favourite recipes: **chicken** Parmesan. My partner starts by breading the chicken while I get the sauce simmering on the **stovetop**. We work together like a well-oiled machine, and before long, dinner is ready to serve. We sit down at our little kitchen table with **plates** heaped high with chicken Parmesan, pasta, and salad. We clink glasses and take our first bite—and it's **heavenly**! The chicken is crispy on the outside but juicy on the inside; the sauce is flavorful and perfect; the pasta is cooked

Cuisiner le dîner

Il est 17 heures et je rentre à pied du travail. J'ai **hâte** de passer une soirée tranquille à la maison avec mon partenaire. Nous allons préparer le dîner ensemble et nous détendre pour le reste de la nuit. C'est agréable de savoir que je n'ai aucun projet ni aucune obligation ce **soir**. J'arrive à la maison et mon partenaire est déjà dans la cuisine, en train de préparer notre dîner. Ça sent **très bon** ici ! Nous bavardons tout en cuisinant, prenant des nouvelles de nos journées respectives et partageant des petites histoires de nos vies professionnelles. La cuisine est ma pièce préférée dans notre appartement. J'adore cuisiner, et j'aime particulièrement cuisiner avec mon partenaire. Nous passons toujours un bon moment ici, à rire et à plaisanter pendant que nous cuisinons. De plus, la nourriture est toujours **incroyable** lorsque nous travaillons **ensemble**.

Ce soir, nous faisons l'une de mes recettes préférées : le **poulet au** parmesan. Mon partenaire commence par paner le poulet pendant que je fais mijoter la sauce sur la **cuisinière**. Nous travaillons ensemble comme une machine bien huilée, et en peu de temps, le dîner est prêt à être servi. Nous nous asseyons à notre petite table de cuisine avec des **assiettes** remplies de poulet

al dente... everything tastes absolutely perfect tonight. We both know that this was one of those nights where everything just came together perfectly as we **savour** every last bite of our delicious meal. It tasted even better than it smelled—which was pretty damn good! We finish our meal relatively quickly as neither of us is particularly hungry today, but we take our time enjoying a few more **glasses** of wine while chatting lightly about this and that topic. After dinner, we clean up quickly together and then move into the living room, where we spend some time **cuddling** on the couch while watching TV.

It feels so nice just being close to each other after a long day apart **working**. I feel content. Even though we didn't have an eventful evening, it was nice to just spend some time together without having to leave the house. We watched a movie and went to bed early, feeling **satisfied** with our simple night in. This has become one of our **favourite** things to do on nights when we don't want to go out—just relax at home and enjoy each other's company over a home-cooked meal.

au parmesan, de pâtes et de salade. Nous faisons tinter les verres et prenons notre première bouchée - et c'est **divin** ! Le poulet est croustillant à l'extérieur mais juteux à l'intérieur ; la sauce est savoureuse et parfaite ; les pâtes sont cuites al dente... tout a un goût absolument parfait ce soir. Nous savons tous les deux que c'était l'une de ces nuits où tout s'est parfaitement réuni alors que nous **savourons** chaque bouchée de notre délicieux repas. Le goût était encore meilleur que l'odeur, qui était sacrément bonne ! Nous terminons notre repas assez rapidement car aucun de nous n'a particulièrement faim aujourd'hui, mais nous prenons notre temps en dégustant quelques **verres** de vin supplémentaires tout en discutant légèrement de tel ou tel sujet. Après le dîner, nous nettoyons rapidement ensemble et passons au salon, où nous passons un moment à **nous câliner** sur le canapé en regardant la télévision.

C'est tellement agréable d'être près l'un de l'autre après une longue journée de **travail** séparé. Je me sens satisfaite. Même si la soirée n'a pas été très animée, c'était agréable de passer du temps ensemble sans avoir à quitter la maison. Nous avons regardé un film et nous nous sommes couchés tôt, **satisfaits** de notre simple soirée. C'est devenu l'une de nos activités **préférées** les soirs où nous n'avons pas envie de sortir - se détendre à la maison et profiter de la compagnie de l'autre autour d'un repas fait maison.

Comprehension Questions

1. Where does the narrator come from?

2. What does the narrator do after work?

3. What does the narrator eat for dinner?

4. Why does the narrator like the kitchen?

5. What kind of dish does the couple cook?

6. How does the narrator feel at the end of the evening?

7. What is the couple's favorite thing to do?

8. What do the couple do when they get tired?

9. Where do they sleep?

10. Why does the narrator like to stay at home?

Questions de compréhension

1. D'où vient le narrateur ?

2. Que fait le narrateur après le travail ?

3. Que mange le narrateur pour le dîner ?

4. Pourquoi le narrateur aime-t-il la cuisine ?

5. Quel genre de plat le couple cuisine-t-il ?

6. Que ressent le narrateur à la fin de la soirée ?

7. Quelle est l'activité préférée du couple ?

8. Que fait le couple quand il est fatigué ?

9. Où dorment-ils ?

10. Pourquoi le narrateur aime-t-il rester à la maison ?

Walking Home

It was a **peaceful** night as I walked home from work. As I walked, I couldn't help but smile at the memories. It felt good to be back in my old neighborhood. I waved to a few people I knew, and they waved back. It was good to be home. I walked past my old school and **remembered** all the good times I had with my friends. We would always walk home together and talk about our day. **Sometimes** we would stop and get ice cream or go to the park. Those were the best times. I miss those times. But now I have my own family and I'm happy with my life. I'm glad I can look back on those memories and smile. They are a part of my life that I will always cherish. Those were the best times. I miss those times. But now I have my own family and I'm happy with my life. I'm glad I can look back on those **memories** and smile. They are a part of my life that I will always cherish.

I keep walking, thinking about the good times I had with my friends. I know I'll see them again soon. I head towards my home and decide to walk through a park nearby. The sun is setting and the sky is turning a **beautiful** orange color. The park is empty, except for a few birds chirping in the trees. I take a deep **breath** and smile. As I walk through the park, I see a shooting

Walking Home

C'était une nuit **paisible** alors que je rentrais du travail. En marchant, je ne pouvais m'empêcher de sourire aux souvenirs. C'était bon d'être de retour dans mon ancien quartier. J'ai salué quelques personnes que je connaissais, et elles m'ont salué en retour. C'était bon d'être chez soi. Je suis passé devant mon ancienne école et je **me suis souvenu de** tous les bons moments que j'ai passés avec mes amis. On rentrait toujours ensemble à la maison et on parlait de notre journée. **Parfois,** on s'arrêtait pour acheter une glace ou aller au parc. C'était les meilleurs moments. Ces moments me manquent. Mais maintenant, j'ai ma propre famille et je suis heureuse de ma vie. Je suis heureux de pouvoir repenser à ces souvenirs et de sourire. Ils font partie de ma vie et je les chérirai toujours. C'était les meilleurs moments. Ils me manquent. Mais maintenant, j'ai ma propre famille et je suis heureux de ma vie. Je suis heureux de pouvoir repenser à ces **souvenirs** et de sourire. Ils font partie de ma vie et je les chérirai toujours.

Je continue à marcher, en pensant aux bons moments que j'ai passés avec mes amis. Je sais que je les reverrai bientôt. Je me dirige vers ma maison et décide de me promener dans un parc à proximité. Le soleil se

star streak across the sky. I made a wish on that star, and kept walking. I think about my day at work and how **peaceful** it was. I smile to myself, thinking about how lucky I am to have such a great job. I walk home, **feeling** the cool night air on my skin. I feel so alive and happy, just enjoying the simple act of walking home on a peaceful night.
I felt so good, I started **whistling**. I walked past a few people on the street, but they were all minding their own business.

I turned the corner onto my street and saw my neighbor's cat, Mr. Whiskers, sitting on my porch. I said hello to him and he meowed back. I **unlocked** my door and went inside. I was so happy to be home. I took off my shoes and got ready for bed. I went to bed that night feeling happy and grateful, my heart full of love. I slept soundly through the night, not worrying about anything. I woke up from a restful sleep and was **greeted** by the sun shining in through my window. I got out of bed and stretched, taking a deep breath and feeling the cool air fill my lungs. I walked to my window and looked out, hearing the birds chirping and the **squirrels** playing. I smiled and went to get dressed, feeling happy and content. I had a great day, spending time with my **friends** and family. I laughed and joked and just **enjoyed** myself.

couche et le ciel prend une **belle** couleur orange. Le parc est vide, à l'exception de quelques oiseaux qui gazouillent dans les arbres. Je prends une profonde **inspiration** et je souris. Alors que je marche dans le parc, je vois une étoile filante traverser le ciel. J'ai fait un vœu sur cette étoile et j'ai continué à marcher. Je pense à ma journée de travail et au **calme qui** y régnait. Je souris à moi-même, en pensant à la chance que j'ai d'avoir un si bon travail. Je rentre chez moi, en **sentant l'**air frais de la nuit sur ma peau. Je me sens si vivante et heureuse, profitant du simple fait de rentrer chez moi par une nuit paisible. Je me sentais si bien que j'ai commencé à **siffler**. Je suis passé devant quelques personnes dans la rue, mais elles s'occupaient toutes de leurs affaires.

J'ai tourné le coin de ma rue et j'ai vu le chat de mon voisin, M. Whiskers, assis sur mon porche. Je lui ai dit bonjour et il miaulait en retour. J'ai **déverrouillé** ma porte et je suis entrée. J'étais si heureuse d'être chez moi. J'ai enlevé mes chaussures et me suis préparée pour aller me coucher. Je me suis couchée ce soir-là, heureuse et reconnaissante, le cœur plein d'amour. J'ai dormi profondément toute la nuit, sans me soucier de rien. Je me suis réveillée d'un sommeil réparateur et j'ai été **accueillie** par le soleil qui brillait à travers ma fenêtre. Je suis sorti du lit et me suis étiré, prenant une profonde inspiration et sentant l'air frais remplir mes poumons.

Comprehension Questions

1. What was the protagonist doing when the story started?

2. What did the protagonist think about when walking home?

3. What did the protagonist used to do with friends after school?

4. What does the protagonist miss about those times?

5. What does the protagonist think about their current life?

6. What does the protagonist do when they see a shooting star?

7. How does the protagonist feel when they walk home?

8. What does the protagonist do when they get home?

9. How does the protagonist feel when they wake up the next morning?

10. What does the protagonist do the next day?

Questions de compréhension

1. Que faisait le protagoniste au début de l'histoire ?

2. À quoi le protagoniste a-t-il pensé en rentrant chez lui ?

3. Qu'est-ce que le protagoniste avait l'habitude de faire avec ses amis après l'école ?

4. Qu'est-ce que le protagoniste regrette de cette époque ?

5. Que pense le protagoniste de sa vie actuelle ?

6. Que fait le protagoniste lorsqu'il voit une étoile filante ?

7. Que ressent le protagoniste lorsqu'il rentre à pied chez lui ?

8. Que fait le protagoniste lorsqu'il rentre chez lui ?

9. Que ressent le protagoniste lorsqu'il se réveille le lendemain matin ?

10. Que fait le protagoniste le lendemain ?

The castle

The family had always wanted to visit an old castle in **Germany**, and finally they took the trip. They were not **disappointed**. The castle was beautiful, and they enjoyed exploring its many rooms and corridors. The first thing that hit them was the smell. They found **mould**, dampness, and something else they couldn't quite put their finger on. The second thing was the sound. Stone walls are thick, but they don't deaden sound completely. They heard every footstep, every word spoken in a normal voice, and the occasional drip of water **somewhere** in the distance. As their eyes adjusted to the dim light, they saw massive stone walls looming all around them, tapestries hanging from them in **tattered** shreds. They were standing in a huge hall with a high ceiling supported by carved pillars. They also loved the views from the turrets, and the kids had a great time running around the grounds. The **sun** had begun to set by the time they finished exploring the castle, and they regretted that they hadn't brought a **flashlight**. They decided to make their way back to the entrance, but soon found themselves lost. They wandered around for what felt like hours, until finally they came across a door that led outside. They continued until they **reached** the end of the hall and came to an imposing set of double doors. Try as they

Le château

La famille avait toujours voulu visiter un vieux château en **Allemagne**, et elle a finalement fait le voyage. Ils n'ont pas été **déçus**. Le château était magnifique, et ils ont pris plaisir à explorer ses nombreuses pièces et couloirs. La première chose qui les frappe est l'odeur. Ils ont trouvé de la **moisissure**, de l'humidité et quelque chose d'autre qu'ils n'ont pas réussi à identifier. La deuxième chose a été le son. Les murs de pierre sont épais, mais ils n'étouffent pas complètement le son. Ils ont entendu chaque pas, chaque mot prononcé d'une voix normale, et le goutte-à-goutte occasionnel de l'eau **quelque part** au loin. Lorsque leurs yeux se sont adaptés à la faible lumière, ils ont vu des murs de pierre massifs se dresser tout autour d'eux, des tapisseries en **lambeaux y étant** suspendues. Ils se tenaient dans un immense hall avec un haut plafond soutenu par des piliers sculptés. Ils ont également aimé les vues depuis les tourelles, et les enfants ont eu beaucoup de plaisir à courir dans le parc. Le **soleil** avait commencé à se coucher lorsqu'ils ont fini d'explorer le château, et ils ont regretté de ne pas avoir apporté de **lampe de poche**. Ils ont décidé de retourner à l'entrée, mais ils se sont vite perdus. Ils errent pendant des heures, jusqu'à ce qu'ils trouvent enfin une porte qui mène à l'extérieur. Ils ont continué jusqu'à ce qu'ils **atteignent le** bout du

might, the doors wouldn't budge. They rattle **ominously** but don't move an inch. It looked like whoever was here before must have gone through here and locked them from inside. Eventually, they find a way out. Relief washed over them as they stepped out into the cool night air.

The sun had begun to set, and they **regretted** that they hadn't brought a flashlight. They decided to make their way back to the entrance, but soon found themselves lost. They wandered around for what felt like hours, until finally they came across a door that led **outside**. Relief washed over them as they stepped out into the cool night air. The next evening, they made sure to take a flashlight with them as they explored the rest of the castle. They walked through the **courtyard** and down to the river that ran behind the **castle** walls. As they walked around, they began to hear strange noises. It sounded like someone was following them. They quickened their pace, but the noises got louder and closer. The family ran back to the castle as fast as they could, and they were relieved to see that the figure in the **dark** cloak had not followed them.

couloir et arrivent à une imposante série de doubles
portes. Ils ont beau essayer, les portes ne bougent pas.
Elles cliquettent **sinistrement** mais ne bougent pas
d'un pouce. On dirait que celui qui était ici avant a dû
passer par là et les verrouiller de l'intérieur. Finalement,
ils ont trouvé un moyen de sortir. Le soulagement les
envahit alors qu'ils sortent dans l'air frais de la nuit.

Le soleil avait commencé à se coucher, et ils
regrettaient de ne pas avoir apporté de lampe de
poche. Ils ont décidé de retourner à l'entrée, mais ils
se sont vite perdus. Ils ont erré pendant ce qui leur a
semblé être des heures, jusqu'à ce qu'ils trouvent enfin
une porte qui menait à **l'extérieur**. Le soulagement
les a envahis alors qu'ils sortaient dans l'air frais de la
nuit. Le lendemain soir, ils ont pris soin d'emporter une
lampe de poche pour explorer le reste du château. Ils
ont traversé la **cour** et sont descendus jusqu'à la rivière
qui coulait derrière les murs du **château**. Alors qu'ils se
promenaient, ils ont commencé à entendre des bruits
étranges. On aurait dit que quelqu'un les suivait. Ils
accélèrent le pas, mais les bruits deviennent plus forts
et plus proches. Les membres de la famille courent
vers le château aussi vite qu'ils le peuvent, et ils sont
soulagés de voir que la silhouette au manteau **sombre**
ne les a pas suivis.

Comprehension Questions

1. What did the family do when they got lost in the castle?

2. How did the family feel when they found out it was just a local man?

3. What did the man do that got him arrested?

4. What was the sentence for the man?

5. What noise did the family hear while they were walking?

6. Where was the figure in the dark cloak when the family saw him?

7. What did the family do when they got back to their room?

8. When did the family go explore the castle again?

9. What was the thing that the family couldn't put their finger on?

10. What did the family do before they went exploring the castle again?

Questions de compréhension

1. Qu'a fait la famille lorsqu'elle s'est perdue dans le château ?

2. Comment la famille s'est-elle sentie quand elle a découvert que c'était juste un homme du coin ?

3. Qu'a fait l'homme qui a été arrêté ?

4. Quelle a été la sentence pour cet homme ?

5. Quel bruit la famille a-t-elle entendu pendant qu'elle marchait ?

6. Où était le personnage au manteau sombre quand la famille l'a vu ?

7. Qu'a fait la famille en rentrant dans sa chambre ?

8. Quand la famille est-elle repartie explorer le château ?

9. Quelle était la chose sur laquelle la famille n'arrivait pas à mettre le doigt ?

10. Qu'a fait la famille avant de retourner explorer le château ?

My Garden

My garden is my happy place. I go out there every day, rain or shine, and spend time tending to my plants. I have a little bit of **everything**-vegetables, fruits, flowers, herbs. I even have a few chickens that help keep the pests at bay. I start my days in the garden by gathering eggs from the chickens. Then I check on my veggies, making sure they are getting enough water and sun. I weed the beds and pick off any bugs that might be **attacking** the plants. Once **everything** is taken care of, I sit back and enjoy the peace and quiet of nature.

I have always loved spending time in my garden. There is something about being surrounded by nature and all of the **beauty** that it has to offer. I find it to be a very peaceful and calming place. I often spend time in my garden just relaxing and enjoying the scenery. I also enjoy working in my garden and growing things. I have a pretty good-sized garden, and I like to grow a variety of **different** things in it. I grow flowers, **vegetables**, and herbs. I also have a few fruit trees that produce some delicious apples, pears, and plums. In addition to growing things, I also enjoy spending time just walking around my garden, **admiring** all of the different plants and animals that call it home. I have spent many hours over the years working on making my **garden** into a

Mon jardin

Mon jardin est mon coin de paradis. J'y vais tous les jours, qu'il pleuve ou qu'il vente, et je passe du temps à m'occuper de mes plantes. J'ai un peu de **tout** : **légumes**, fruits, fleurs, herbes. J'ai même quelques poules qui m'aident à tenir les parasites à distance. Je commence mes journées dans le jardin en ramassant les œufs des poules. Puis je vérifie que mes légumes reçoivent suffisamment d'eau et de soleil. Je désherbe les plates-bandes et j'élimine les insectes qui pourraient **attaquer** les plantes. Une fois que **tout est** fait, je m'assois et je profite de la paix et du calme de la nature.

J'ai toujours aimé passer du temps dans mon jardin. Il y a quelque chose dans le fait d'être entouré par la nature et toute la **beauté qu**'elle a à offrir. Je trouve que c'est un endroit très paisible et apaisant. Je passe souvent du temps dans mon jardin à me détendre et à profiter du paysage. J'aime aussi travailler dans mon jardin et faire pousser des choses. J'ai un jardin d'assez bonne taille et j'aime y faire pousser toutes **sortes** de choses. Je fais pousser des fleurs, des **légumes** et des herbes aromatiques. J'ai aussi quelques arbres fruitiers qui produisent de délicieuses pommes, poires et prunes. En plus de faire pousser des choses, j'aime aussi passer du temps à me promener dans mon jardin,

place that is not only beautiful but also functional. I love to watch the birds flit around and listen to them sing. Sometimes I even bring out a book and read in the garden while surrounded by all the beauty that I've created. **Gardening** is my passion and it brings me so much joy. Every day in my garden is a good day.

One of the things that I love to do is cook, so having a well-stocked herb garden is very **important** to me. Thyme, basil, oregano, rosemary, sage, and lavender are just some of the herbs that I like to grow in my garden so that I can use them when cooking meals for myself or for **guests**. Another thing that is important to me when it comes to my garden is making sure that there is plenty of colour throughout it. To achieve this goal, I grow a wide variety of flowers, including **roses**, lilies, daisies, tulips, impatiens, marigolds, etc. In addition to adding colour with flowers, I also like to add interest by using different **textures** throughout the garden. For instance, I might plant ferns beneath towering sunflowers or hostas **alongside** spiky ornamental grasses. No matter what else might be going on in life, working in my garden always **manages** to help me feel more connected to nature and at peace with myself.

à **admirer** toutes les plantes et tous les animaux qui y vivent. J'ai passé de nombreuses heures au fil des ans à faire de mon **jardin** un endroit non seulement beau mais aussi fonctionnel. J'aime regarder les oiseaux voltiger et les écouter chanter. Parfois, je sors même un livre et je lis dans le jardin, entourée de toute la beauté que j'ai créée. Le **jardinage** est ma passion et il m'apporte tant de joie. Chaque jour dans mon jardin est un bon jour.

L'une des choses que j'aime faire, c'est cuisiner. Il est donc très **important pour moi d'**avoir un jardin d'herbes aromatiques bien garni. Le thym, le basilic, l'origan, le romarin, la sauge et la lavande sont quelques-unes des herbes que j'aime faire pousser dans mon jardin pour pouvoir les utiliser lorsque je prépare des repas pour moi ou pour mes **invités**. Une autre chose qui est importante pour moi quand il s'agit de mon jardin, c'est de m'assurer qu'il y a beaucoup de couleurs dans tout le jardin. Pour atteindre cet objectif, je cultive une grande variété de fleurs, notamment des **roses**, des lys, des marguerites, des tulipes, des impatiens, des soucis, etc. En plus d'ajouter de la couleur avec les fleurs, j'aime aussi ajouter de l'intérêt en utilisant différentes **textures** dans le jardin. Par exemple, je peux planter des fougères sous des tournesols imposants ou des hostas à **côté de** graminées ornementales hérissées.

Comprehension Questions

1. Where is the author's garden?

2. How many chickens does the author have?

3. What does the author do in the garden every day?

4. Why does the author like the garden?

5. What herbs does the author plant in the garden?

6. Why is it important to the author that there are many colors in his garden?

7. How does the author bring variety to his garden?

8. How does the author feel when he works in his garden?

9. What makes the author feel connected when he is in his garden?

10. why is every day in the author's garden a good day?

Questions de compréhension

1. Où se trouve le jardin de l'auteur ?

2. Combien de poulets l'auteur possède-t-il ?

3. Que fait l'auteur dans le jardin tous les jours ?

4. Pourquoi l'auteur aime-t-il le jardin ?

5. Quelles herbes l'auteur plante-t-il dans le jardin ?

6. Pourquoi est-il important pour l'auteur qu'il y ait beaucoup de couleurs dans son jardin ?

7. Comment l'auteur apporte-t-il de la variété à son jardin?

8. Que ressent l'auteur lorsqu'il travaille dans son jardin?

9. Qu'est-ce qui fait que l'auteur se sent connecté quand il est dans son jardin ?

10. Pourquoi chaque jour dans le jardin de l'auteur est-il un bon jour ?

Going Shopping

I love going **shopping** in the mall. It's always so much fun to walk around and look at all the different stores. There's something for everyone in the mall, and it's always a great place to find deals on clothes, shoes, and accessories. I **usually** start my shopping trip by walking through the main **entrance** of the mall. From there, I head to my favourite stores first. After looking through those stores, I'll walk around and see if there are any sales going on at other places. I usually end up spending a couple hours in the mall before I finally make my purchases. I always like to take my time when shopping **because** I want to make sure that I'm getting **exactly** what I want. Plus, it's just more fun that way!

I always find it so **fascinating** to people watch while I'm at the mall. You can really tell a lot about a person by the way they shop. Some people are very methodical and take their time, while others just seem to grab **whatever** they can and head for the check-out as fast as possible. There are also those shoppers who seem more interested in talking on their cell phones or texting than actually looking at any of the merchandise! No matter what kind of shopper you are, though, everyone seems to enjoy window shopping—even if you don't actually buy anything. There's just something about

Faire du shopping

J'adore aller **faire du shopping** au centre commercial. C'est toujours très amusant de se promener et de regarder tous les différents magasins. Il y en a pour tous les goûts au centre commercial et c'est toujours l'endroit idéal pour faire des affaires sur les vêtements, les chaussures et les accessoires. Je commence **généralement** mon shopping en passant par l'**entrée** principale du centre commercial. De là, je me dirige d'abord vers mes magasins préférés. Après avoir fait le tour de ces magasins, je me promène pour voir s'il y a des soldes dans d'autres endroits. Je finis généralement par passer quelques heures dans le centre commercial avant de faire mes achats. J'aime toujours prendre mon temps lorsque je fais du shopping, **car** je veux être sûre d'obtenir **exactement** ce que je veux. En plus, c'est plus amusant comme ça !

Je trouve toujours **fascinant** d'observer les gens quand je suis au centre commercial. On peut vraiment en apprendre beaucoup sur une personne par sa façon de faire ses courses. Certaines personnes sont très méthodiques et prennent leur temps, tandis que d'autres semblent prendre **tout ce qu'**elles peuvent et se diriger vers la caisse aussi vite que possible. Il y a aussi les acheteurs qui semblent plus intéressés

looking at all of the pretty things in the store **windows** that makes me happy. Sometimes I fantasise about what it would be like if I could afford **everything** I see! All in all, spending a day shopping at the mall is one of my favourite pastimes. It's a great way to relax and unwind while also getting a little bit of exercise (if you walk around enough). Plus, it's **always** nice to treat yourself to a new shirt or pair of shoes every now and then!

I had a **long** day at work and finally had some time to myself, so I decided to go shopping at the mall. I needed some new clothes for the **upcoming** season. As soon as I walked in, I saw all the bright lights and shiny storefronts. I headed to my favourite store first and started browsing through the racks. I found a few cute tops and tried them on in the dressing room. As I was looking at myself in the mirror, I heard someone coming into the **dressing** room next to mine. I recognised their voice as one of my co-workers.

à parler au téléphone portable ou à envoyer des SMS qu'à regarder la marchandise ! Quel que soit le type d'acheteur, tout le monde semble apprécier le lèche-vitrine, même si vous n'achetez rien. Il y a quelque chose qui me rend heureuse dans le fait de regarder toutes ces jolies choses dans les **vitrines des magasins**. Parfois, je m'imagine comment ce serait si je pouvais m'offrir **tout ce que** je vois ! En fin de compte, passer une journée à faire du shopping au centre commercial est l'un de mes passe-temps favoris. C'est un excellent moyen de se détendre et de se relaxer tout en faisant un peu d'exercice (si vous marchez suffisamment). Et puis, c'est **toujours** agréable de s'offrir une nouvelle chemise ou une nouvelle paire de chaussures de temps en temps !

J'ai eu une **longue** journée de travail et j'ai enfin eu du temps pour moi, alors j'ai décidé d'aller faire du shopping au centre commercial. J'avais besoin de nouveaux vêtements pour la saison **à venir**. Dès que je suis entrée, j'ai vu toutes les lumières vives et les façades brillantes des magasins. Je me suis dirigée vers mon magasin préféré en premier et j'ai commencé à parcourir les rayons. J'ai trouvé quelques jolis hauts et les ai essayés dans la cabine d'essayage. Alors que je me regardais dans le miroir, j'ai entendu quelqu'un entrer dans la cabine d'**essayage** à côté de la mienne. J'ai reconnu sa voix comme étant celle d'un de mes collègues de travail.

Comprehension Questions

1. Where do you like to store the most?

2. What is your favorite store in the mall?

3. How long do you usually stay at the mall?

4. What do you think about people who spend a lot of time at the mall?

5. what is your favorite thing to do at the mall?

6. Have you ever bought something at the mall when you didn't really need it?

7. How do you react when you see something at the mall that you would really like, but it is too expensive?

8. Have you ever seen something at the mall and wondered who would buy it?

9. What is your opinion about people who are busy with their cell phones in the mall instead of looking at the stores?

Questions de compréhension

1. Où aimez-vous le plus stocker ?

2. Quel est votre magasin préféré dans le centre commercial ?

3. Combien de temps restez-vous habituellement au centre commercial ?

4. Que pensez-vous des personnes qui passent beaucoup de temps au centre commercial ?

5. Quelle est votre activité préférée au centre commercial ?

6. Avez-vous déjà acheté quelque chose au centre commercial alors que vous n'en aviez pas vraiment besoin ?

7. Comment réagissez-vous lorsque vous voyez au centre commercial un article que vous aimeriez vraiment, mais qui est trop cher ?

8. Avez-vous déjà vu quelque chose au centre commercial en vous demandant qui l'achèterait ?

9. Que pensez-vous des personnes qui sont occupées avec leur téléphone portable dans les centres commerciaux au lieu de regarder les magasins ?

At the Market

I wake up early on Saturday morning, eager to get to the **market** before it gets too crowded. I throw on some clothes and head out the door, grabbing my reusable bags on the way. As I walk, I start planning what I want to make for the week ahead. I know I want to **roast** vegetables at least once, so I'll need to buy some good quality vegetables. I also want to make a soup or stew, so I'll need to get some meat as well. I'll have to see what looks good when I get there. The market is only a few blocks away, and I can already see the stalls set up and the **people** milling about.

I arrive at the market and head straight for the vegetable stand. The selection is beautiful, and I fill my bags with a variety of **fresh** produce. I chat with the farmer for a bit, and he recommends some recipes to me. I'm excited to try them out. I chat with the **farmers** as I shop, getting to know them and their products. After I have all the vegetables I need, I move on to the meat section. I'm a bit more hesitant here, as I'm not sure what I want to get. I eventually decide on chicken because it is versatile and can be used in a variety of dishes. I also buy a few different cuts of meat, making sure to get grass-fed beef and free-range **chicken**. The butcher was a friendly man, always cheerful despite

Au marché

Je me réveille tôt le samedi matin, impatiente de me rendre au **marché** avant qu'il ne soit trop fréquenté. Je m'habille et je sors, en prenant mes sacs réutilisables en chemin. En marchant, je commence à planifier ce que je veux faire pour la semaine à venir. Je sais que je veux faire **rôtir des** légumes au moins une fois, donc je vais devoir acheter des légumes de bonne qualité. Je veux aussi faire une soupe ou un ragoût, et je vais donc devoir acheter de la viande. Je verrai bien ce qui me semble bon quand je serai sur place. Le marché n'est qu'à quelques rues d'ici, et je vois déjà les étals installés et les **gens qui** s'agitent.

J'arrive au marché et me dirige directement vers le stand des légumes. La sélection est magnifique, et je remplis mes sacs d'une variété de produits **frais**. Je discute un peu avec le fermier et il me recommande quelques recettes. J'ai hâte de les essayer. Je discute avec les **agriculteurs** pendant que je fais mes courses, pour apprendre à les connaître et à connaître leurs produits. Après avoir acheté tous les légumes dont j'ai besoin, je passe à la section des viandes. Je suis un peu plus hésitante, car je ne suis pas sûre de ce que je veux acheter. J'opte finalement pour du poulet, car il est polyvalent et peut être utilisé dans de nombreux plats. J'achète également quelques morceaux de

the long hours he worked. He wrapped up my chicken breasts and steak before chatting to me about his weekend plans. I said goodbye to him and continued on my way. I also grabbed some eggs and cheese from the dairy section.

The market was bustling with people, all of them eager to get their **hands** on the fresh produce and meat that were on offer. The air was thick with the smell of garlic and onions, and the sound of laughter and conversation filled the air. I made my way through the crowd, picking out the other items I needed for my weekly shop. I filled my **basket** with fruit and vegetables, pasta and bread, before heading to the checkout. The queue was long, but it moved quickly. Finally, the last of the **groceries** were bought, and it was time to go home. The car was loaded up, and the drive home was long and tedious. The traffic was heavy and the heat was oppressive. Finally, the car pulled into the driveway and the relief was palpable. The house was cool and quiet, and it was a haven after the **hustle** and bustle of the market. Everything was put away, and the house was soon back to its usual peace and quiet. I had everything I needed to make some **delicious** meals for myself and for my family. It was good to be home.

viande différents, en veillant à prendre du bœuf nourri à l'herbe et du **poulet** élevé en plein air. Le boucher est un homme sympathique, toujours de bonne humeur malgré ses longues heures de travail. Il a emballé mes blancs de poulet et mon steak avant de me parler de ses projets pour le week-end. Je lui ai dit au revoir et j'ai continué mon chemin. J'ai également acheté des œufs et du fromage au rayon produits laitiers.

Le marché grouille de gens, tous impatients de mettre la **main sur les** produits frais et la viande proposés. L'odeur de l'ail et des oignons flottait dans l'air, et le son des rires et des conversations était omniprésent. Je me suis frayé un chemin dans la foule, en choisissant les autres articles dont j'avais besoin pour mes courses de la semaine. J'ai rempli mon **panier** de fruits et légumes, de pâtes et de pain, avant de me diriger vers la caisse. La file d'attente est longue, mais elle avance rapidement. Enfin, j'ai acheté les dernières **provisions et il est** temps de rentrer à la maison. La voiture est chargée, et le chemin du retour est long et fastidieux. La circulation est dense et la chaleur est accablante. Enfin, la voiture se gare dans l'allée et le soulagement est palpable. La maison était fraîche et calme, et c'était un havre de paix après l'**agitation** du marché. Tout a été rangé, et la maison a rapidement retrouvé sa tranquillité habituelle. J'avais tout ce dont j'avais besoin pour préparer de **délicieux** repas pour moi et pour ma famille. C'était bon d'être chez soi.

Comprehension Questions

1. Where is the person going?

2. What does the person want to buy?

3. How many bags does the person have?

4. How far away is the market?

5. What is the person doing right now?

6. What is everything in the market?

7. How many people are in the market?

8. How long did it take the person to buy everything?

9. How did the person go home?

10. What did the person do when he or she got home?

Questions de compréhension

1. Où va la personne ?

2. Que veut acheter la personne ?

3. Combien de sacs la personne possède-t-elle ?

4. A quelle distance se trouve le marché ?

5. Que fait la personne en ce moment ?

6. Que se passe-t-il sur le marché ?

7. Combien y a-t-il de personnes sur le marché ?

8. Combien de temps a-t-il fallu à la personne pour tout acheter ?

9. Comment la personne est-elle rentrée chez elle ?

10. Qu'a fait la personne en rentrant chez elle ?

At a Cafe

It was a chilly **autumn** morning, and I had arranged to meet my friend Lily at our favourite cafe for a coffee. I wrapped up warm in my coat and scarf and set off. The leaves were falling from the trees and the air had a nip to it, but the sun was shining and it promised to be a beautiful day. As I walked, I **thought** about how good it was to have a friend like Lily. We had been friends for years, ever since we met at **university**. We bonded over our love of coffee and spending time chatting in cafes. Even though we now lived in different parts of the city, we still managed to meet up for coffee once a week. I arrived at the cafe, and Lily was already there, waiting for me. We hugged each other hello and then ordered our coffees. We found a table by the window and settled down to chat. The **coffee** was delicious, as always, and it was so nice to catch up with Lily. We talked about our week, our jobs, and our plans for the future. It was always so easy to talk to Lily, and I felt like I could tell her anything. After a while, we started to get hungry and **decided** to order some food.

We **ordered** our food and found a seat by the window. The sun was shining in through the window, making everything feel warm and happy. We chatted as we ate our food, enjoying the simple pleasure of being

Dans un café

C'était un matin d'**automne** frisquet, et j'avais
donné rendez-vous à mon amie Lily dans notre café
préféré pour prendre un café. Je me suis enveloppée
chaudement dans mon manteau et mon écharpe et
je suis partie. Les feuilles tombaient des arbres et
l'air était glacial, mais le soleil brillait et la journée
promettait d'être magnifique. Tout en marchant, j'ai
pensé à quel point c'était bien d'avoir une amie comme
Lily. Nous étions amies depuis des années, depuis
notre rencontre à l'**université**. Nous nous sommes
liées par notre amour du café et du temps passé à
discuter dans les cafés. Même si nous vivions dans des
quartiers différents de la ville, nous nous retrouvions
pour prendre un café une fois par semaine. Je suis
arrivé au café, et Lily était déjà là, à m'attendre. Nous
nous sommes embrassées et avons commandé nos
cafés. Nous avons trouvé une table près de la fenêtre
et nous nous sommes installées pour discuter. Le **café**
était délicieux, comme toujours, et c'était si agréable
de rattraper le temps perdu avec Lily. Nous avons parlé
de notre semaine, de nos emplois et de nos projets
pour l'avenir. C'était toujours si facile de parler à Lily, et
j'avais l'impression que je pouvais tout lui dire. Après un
moment, nous avons commencé à avoir faim et **avons
décidé** de commander de la nourriture.

in each other's **company**. The cafe was busy, but it didn't feel crowded. There was a feeling of peace and contentment in the air. As we finished our food, we sat for a while longer, just enjoying the peaceful **atmosphere**. We talked for a while about different things that had been going on in our lives. It was so nice to catch up with my friend and just **relax**. The sun was shining through the window, and it felt like **nothing** could ruin our perfect day.

Suddenly, I heard a loud crash. I turned around to see that a man had fallen through the ceiling and was lying on the floor in front of us. He was **covered** in dust and debris and appeared to be unconscious. My friend and I were both in shock as we stared at the man lying on the floor. We didn't know what to do or who to call for help. We just sat there staring at him, not knowing what to do. After a few minutes, I snapped out of it and called 911. The operator told me that someone would be there soon. I hung up the phone and told my friend what the **operator** had said.

Nous avons **commandé notre** nourriture et trouvé un siège près de la fenêtre. Le soleil brillait à travers la fenêtre, rendant le tout chaleureux et joyeux. Nous avons bavardé en mangeant, appréciant le simple plaisir d'être en **compagnie de l'autre**. Le café était occupé, mais il n'y avait pas de foule. Il y avait un sentiment de paix et de satisfaction dans l'air. Après avoir terminé notre repas, nous sommes restés assis un moment de plus, profitant de l'**atmosphère** paisible. Nous avons parlé pendant un moment de différentes choses qui avaient eu lieu dans nos vies. C'était si agréable de rattraper le temps perdu avec mon ami et de **se détendre**. Le soleil brillait à travers la fenêtre, et c'était comme si **rien ne** pouvait gâcher notre journée parfaite.

Soudain, j'ai entendu un grand fracas. Je me suis retourné pour voir qu'un homme avait traversé le plafond et gisait sur le sol devant nous. Il était **couvert** de poussière et de débris et semblait être inconscient. Mon ami et moi étions tous deux sous le choc en regardant l'homme allongé sur le sol. Nous ne savions pas quoi faire ni qui appeler à l'aide. Nous sommes restés assis là, à le regarder, sans savoir quoi faire. Après quelques minutes, je me suis ressaisie et j'ai appelé le 911. L'opérateur m'a dit que quelqu'un arriverait bientôt. J'ai raccroché le téléphone et j'ai raconté à mon ami ce que l'**opérateur avait** dit.

Comprehension Questions

1. Where does the man who falls through the roof come from?

2. Why is the woman with her friend in the café?

3. What is the two friends' favorite café?

4. How long have the two friends known each other?

5. What is the two friends' favorite drink?

6. In which city do the two friends live?

7. How often do the two friends meet?

8. What do the two friends talk about when they first meet at their favorite café?

9. What is the favorite food of the two friends?

Questions de compréhension

1. D'où vient l'homme qui tombe à travers le toit ?

2. Pourquoi la femme est-elle avec son ami dans le café ?

3. Quel est le café préféré des deux amis ?

4. Depuis combien de temps les deux amis se connaissent-ils ?

5. Quelle est la boisson préférée des deux amis ?

6. Dans quelle ville vivent les deux amis ?

7. Combien de fois les deux amis se rencontrent-ils ?

8. De quoi parlent les deux amis lorsqu'ils se rencontrent pour la première fois dans leur café préféré ?

9. Quel est le plat préféré des deux amis ?

Going Swimming

The pool was always a **refreshing** place to be, and today was no different. The sun was shining and the water looked inviting. I took a deep breath and dove in, feeling the cool embrace of the water. I swam laps for a while, enjoying the exercise and the chance to clear my head. After a while, I got out and dried off, then sat down on a towel to relax in the sun. I closed my eyes and let the **warmth** wash over me, feeling my muscles start to relax. Suddenly, I heard a splash and opened my eyes to see my little sister **paddling** around in the shallow end. I smiled and watched her for a while, then stood up and walked over to her. We chatted for a bit and paddled around together, enjoying each other's company. Soon, our parents joined us, and we spent the rest of the afternoon swimming and playing games together. It was always so nice to spend time with the family at the pool. There's **something** about being in the water that just seems to bring people together. Maybe it's because we're all equal when we're in the water—we can't hide our flaws or pretend to be something we're not. Or maybe it's just because it's fun! **Whatever** the reason, I was just glad that we could all come together and enjoy each other's company in such a special place.

Aller nager

La piscine était toujours un endroit **rafraîchissant**, et aujourd'hui n'était pas différent. Le soleil brillait et l'eau semblait invitante. J'ai pris une profonde inspiration et j'ai plongé, sentant l'étreinte fraîche de l'eau. J'ai fait des longueurs pendant un moment, appréciant l'exercice et la possibilité de me vider la tête. Au bout d'un moment, je suis sorti et me suis séché, puis je me suis assis sur une serviette pour me détendre au soleil. J'ai fermé les yeux et laissé la **chaleur** m'envahir, sentant mes muscles se détendre. Soudain, j'ai entendu une éclaboussure et j'ai ouvert les yeux pour voir ma petite sœur **pagayer dans la** partie peu profonde. J'ai souri et je l'ai regardée pendant un moment, puis je me suis levée et je suis allée vers elle. Nous avons bavardé un peu et pataugé ensemble, appréciant la compagnie de l'autre. Nos parents nous ont bientôt rejoints et nous avons passé le reste de l'après-midi à nager et à jouer ensemble. C'était toujours très agréable de passer du temps avec la famille à la piscine. Il y a **quelque chose** dans le fait d'être dans l'eau qui semble rassembler les gens. Peut-être est-ce parce que nous sommes tous égaux lorsque nous sommes dans l'eau - nous ne pouvons pas cacher nos défauts ou prétendre être ce que nous ne sommes pas. Ou peut-être est-ce simplement parce que c'est amusant ! **Quelle que soit la** raison, j'étais simplement heureuse que nous

The sun was beating down on my skin and the smell of chlorine was in the air. I could hear the sounds of kids laughing and splashing around in the pool. I was lying on a **lounge** chair next to the pool, soaking up the sun and **enjoying** the day. I had my eyes closed and was just about to drift off to sleep when I heard someone walking up to me. I opened my eyes and saw a woman standing next to me. She was wearing a bikini and had a towel wrapped around her waist. She had long blonde hair and blue eyes. She was holding a bottle of **sunscreen** in her hand. "Do you mind if I put some sunscreen on your back?" she asked. "No, that's fine," I said, sitting up so she could reach my back. I felt her hands on my skin as she applied the sunscreen.

Her touch was gentle and the scent of the sunscreen was soothing. I closed my eyes again and let myself relax. I could hear the **sound** of her moving around, but I didn't open my eyes. I was content just lying there in the sun, listening to the sound of the waves **crashing** against the shore. After a few minutes, she walked away, and I opened my eyes. I watched her as she walked back to her lounge chair and picked up her book.

puissions tous nous réunir et profiter de la compagnie des autres dans un endroit aussi spécial.

Le soleil tapait sur ma peau et l'odeur du chlore flottait dans l'air. J'entendais le bruit des enfants qui riaient et barbotaient dans la piscine. J'étais allongée sur une chaise **longue près de la** piscine, profitant du soleil et **de la** journée. J'avais les yeux fermés et j'étais sur le point de m'endormir lorsque j'ai entendu quelqu'un s'approcher de moi. J'ai ouvert les yeux et j'ai vu une femme debout à côté de moi. Elle portait un bikini et avait une serviette enroulée autour de sa taille. Elle avait de longs cheveux blonds et des yeux bleus. Elle tenait une bouteille de **crème solaire** dans sa main. "Ça te dérange si je mets de la crème solaire sur ton dos ?" a-t-elle demandé. "Non, ça va", ai-je répondu, en me redressant pour qu'elle puisse atteindre mon dos. J'ai senti ses mains sur ma peau alors qu'elle appliquait la crème solaire.

Son toucher était doux et l'odeur de la crème solaire était apaisante. J'ai fermé les yeux à nouveau et me suis laissé aller à la détente. Je pouvais entendre le **bruit** de ses mouvements, mais je n'ai pas ouvert les yeux. Je me contentais de rester allongé au soleil, en écoutant le bruit des vagues qui **s'écrasaient** sur le rivage. Après quelques minutes, elle s'est éloignée, et j'ai ouvert les yeux. Je l'ai regardée retourner vers sa chaise longue et prendre son livre.

Comprehension
Questions

1. Where was the narrator when he begins the story?

2. What does the narrator smell when he opens his eyes?

3. What does the narrator hear when he opens his eyes?

4. Whose sunscreen does the woman give the narrator?

5. What is the narrator dreaming about?

6. Why is swimming in the sea so special for the narrator?

7.How does the water in which the narrator swims feel?

8. What does the narrator see when he comes out of the water?

9. What does the woman do after she puts the sunscreen on the narrator?

10. What do the narrator and the woman talk about at the end of the story?

Questions de compréhension

1. Où se trouvait le narrateur lorsqu'il a commencé l'histoire ?

2. Que sent le narrateur lorsqu'il ouvre les yeux ?

3. Qu'entend le narrateur lorsqu'il ouvre les yeux ?

4. A qui la femme donne-t-elle de la crème solaire au narrateur ?

5. De quoi le narrateur rêve-t-il ?

6. Pourquoi la baignade dans la mer est-elle si spéciale pour le narrateur ?

7. quelle est la sensation de l'eau dans laquelle nage le narrateur ?

8. Que voit le narrateur quand il sort de l'eau ?

9. Que fait la femme après avoir mis la crème solaire sur le narrateur ?

10. De quoi le narrateur et la femme parlent-ils à la fin de l'histoire ?

Mowing the Lawn

It's 10 in the morning on a summer **Saturday**, and the sun is already beating down mercilessly. You trudge out to the garage to fetch the lawn mower, feeling like you're being **sentenced** to hard labor. You start mowing the lawn, making sure to go nice and slow so you don't miss any spots. As you're mowing, you think about how good it feels to be outside in the fresh air. As you start pushing the mower back and forth across the lawn, you see your neighbour out of the corner of your **eye**. You wave and say hi, and he waves back.

After a few minutes, you're done, and you head over to your neighbour's house to have a beer with him in the front garden. It's a **perfect** day—not too hot, with a gentle breeze blowing. You sit there in the shade of the tree, sipping your beer and chatting with your neighbour. It's days like this that make you appreciate summertime. Then you **head** inside for a well-deserved beer. You flop down in a chair on the front porch and crack open the can, letting out a contented sigh. The sound of the mower fades into the background as you relax in the shade, enjoying the **peacefulness** of the moment. The beer tastes extra good after all that hard work in the heat. I was about to head inside when I heard a noise next door.

Tonte de la pelouse

Il est 10 heures du matin, un **samedi d'**été, et le soleil tape déjà sans pitié. Vous vous frayez un chemin jusqu'au garage pour aller chercher la tondeuse à gazon, avec l'impression d'être **condamné** aux travaux forcés. Vous commencez à tondre la pelouse, en veillant à aller doucement pour ne pas manquer d'endroits. Pendant que vous tondez, vous pensez à tout le bien que cela fait d'être dehors à l'air frais. Alors que vous commencez à pousser la tondeuse d'avant en arrière sur la pelouse, vous apercevez votre voisin du coin de l'**œil**. Vous lui faites signe et lui dites bonjour, et il vous répond.

Après quelques minutes, vous avez terminé, et vous vous rendez chez votre voisin pour prendre une bière avec lui dans le jardin de devant. C'est une journée **parfaite**, il ne fait pas trop chaud et une légère brise souffle. Vous êtes assis à l'ombre de l'arbre, sirotant votre bière et discutant avec votre voisin. Ce sont des jours comme celui-ci qui vous font apprécier l'été. Puis vous rentrez à l'intérieur pour prendre une bière bien méritée. Vous vous installez sur une chaise sous le porche et ouvrez la canette, en poussant un soupir de satisfaction. Le bruit de la tondeuse s'estompe et vous vous détendez à l'ombre, profitant de la **tranquillité**

It **sounded** like someone was crying. I stopped mowing and walked over to the fence that separated our yards. I peered over and saw my neighbor, Mrs. Johnson, crying on her porch swing. I called out to her, but she didn't hear me. I climbed over the fence and walked over to her. "Mrs. Johnson, are you okay?" I asked. She looked up at me with tears in her eyes and shook her head. "No, I'm not okay," she said. "My cat died yesterday." I was shocked. I didn't know what to say. I just stood there awkwardly, not knowing what to do. Finally, I put my hand on her **shoulder** and said, "I'm so sorry, Mrs. Johnson. If there's anything I can do to help, please let me know. " She shook her head and said, "No, there's **nothing** anyone can do." Then she got up and went inside her house. I stood there for a moment, not knowing what to do. Then I went back to mowing my lawn. As I finished up, I couldn't help but think about Mrs. Johnson and her cat.

du moment. La bière a un goût extra bon après tout ce dur travail dans la chaleur. J'étais sur le point de rentrer quand j'ai entendu un bruit à côté.

On aurait dit que quelqu'un pleurait. J'ai arrêté de tondre et j'ai marché jusqu'à la clôture qui séparait nos jardins. J'ai jeté un coup d'œil par-dessus et j'ai vu ma voisine, Mme Johnson, pleurer sur sa balançoire sous le porche. Je l'ai appelée, mais elle ne m'a pas entendue. J'ai escaladé la clôture et j'ai marché jusqu'à elle. "Mme Johnson, vous allez bien ?" J'ai demandé. Elle a levé les yeux vers moi, les larmes aux yeux, et a secoué la tête. "Non, je ne vais pas bien", a-t-elle dit. "Mon chat est mort hier." J'étais choquée. Je n'ai pas su quoi dire. Je suis restée là, maladroitement, sans savoir quoi faire. Finalement, j'ai posé ma main sur son **épaule** et j'ai dit : "Je suis vraiment désolée, Mme Johnson. Si je peux faire quelque chose pour vous aider, faites-le moi savoir". "Elle a secoué la tête et a dit : "Non, il **n'y a rien que** personne ne puisse faire". Puis elle s'est levée et est entrée dans sa maison. Je suis resté là un moment, ne sachant pas quoi faire. Puis je suis retourné tondre ma pelouse. En terminant, je n'ai pu m'empêcher de penser à Mme Johnson et à son chat.

Comprehension Questions

1. What time is it?

2. Where is the person mowing?

3. How does the person feel?

4. Why does the person have to mow slowly?

5. What kind of weather is it?

6. What is the person doing after mowing?

7. What does the person hear before going home?

8. Whois with Mrs. Johnson?

9. Why is Mrs. Johnson crying?

10. what does the person say to Mrs. Johnson?

Questions de compréhension

1. Quelle heure est-il ?

2. Où se trouve la personne qui tond ?

3. Comment la personne se sent-elle ?

4. Pourquoi la personne doit-elle tondre lentement ?

5. Quel est le temps qu'il fait ?

6. Que fait la personne après avoir fauché ?

7. Qu'entend la personne avant de rentrer chez elle ?

8. Qui est avec Mme Johnson ?

9. Pourquoi Mme Johnson pleure-t-elle ?

10. Que dit la personne à Mme Johnson ?

Getting a Haircut

I had been meaning to get a haircut for weeks, but somehow always managed to put it off. But with **Christmas** just around the corner, I knew I couldn't put it off any longer. I didn't want to show up to my family's Christmas dinner looking like a scruffy mess. So, early on Christmas morning, I made my way to the salon. Even though it was early, the salon was already busy with other people **getting** their hair done for the holiday. I took my place in the line and waited my turn. Finally, it was my turn in the chair. The stylist, a friendly woman named Jill, asked me what I wanted. "Just a trim, nothing too drastic," I replied. Jill got to work, snipping away at my hair. As she worked, I began to relax. It felt good to finally be taking care of myself. I had been so busy lately, running around taking care of everyone else, that I had let my own needs fall by the wayside. But not **anymore**. From now on, I was going to make time for myself.

When Jill was finished, I looked in the mirror and was pleased with what I saw. My hair looked tidy and polished—perfect for holiday gatherings. I **thanked** Jill and made a **mental** note to come back more often. From now on, I will take care of myself first and

Se faire couper les cheveux

Cela faisait des semaines que je voulais me faire couper les cheveux, mais j'arrivais toujours à remettre ça à plus tard. Mais à l'approche de **Noël, je** savais que je ne pouvais plus attendre. Je ne voulais pas me présenter au dîner de Noël de ma famille avec une coiffure débraillée. Alors, tôt le matin de Noël, je me suis rendue au salon. Même s'il était tôt, le salon était déjà occupé par d'autres personnes qui **se faisaient** coiffer pour les fêtes. J'ai pris ma place dans la file d'attente et j'ai attendu mon tour. Enfin, c'était mon tour sur la chaise. La styliste, une femme sympathique nommée Jill, m'a demandé ce que je voulais. "Juste une coupe, rien de trop radical", ai-je répondu. Jill s'est mise au travail, coupant mes cheveux. Pendant qu'elle travaillait, j'ai commencé à me détendre. C'était bon de prendre enfin soin de moi. J'avais été tellement occupé ces derniers temps, à courir partout pour m'occuper de tout le monde, que j'avais laissé mes propres besoins de côté. Mais plus **maintenant**. A partir de maintenant, j'allais prendre du temps pour moi.

Lorsque Jill a terminé, je me suis regardée dans le miroir et j'étais ravie de ce que je voyais. Mes cheveux étaient soignés et polis, parfaits pour les fêtes de fin d'année. J'ai **remercié** Jill et j'ai noté **mentalement** de

foremost. She got to work snipping away at my hair. I thought about how thankful I was that I had finally gotten around to getting my haircut. It felt good to know that I would look presentable for Christmas **dinner**. No longer would I have to worry about my family teasing me about my "scruffy" appearance. After a few minutes, the stylist was finished trimming my hair and gave me a quick blow dry. I looked in the mirror and was happy with what I saw—a clean-cut look that would be perfect for Christmas dinner. Now that my haircut was out of the way, I could focus on enjoying the holiday with my family. And I was even more thankful for that.

It felt so **liberating**, and I loved the way my new haircut looked. After I paid for my haircut, I went home and started packing for my trip. I **couldn't** wait to show off my new look to my family and friends. I knew they would be surprised when they saw me. On the day of my flight, I arrived at the airport with plenty of time to spare. I went through security without any problems, and soon I was on my way. As soon as I arrived at my destination, I could feel the excitement in the air. Christmas was definitely in the air! My family was there to greet me at the airport, and they were all amazed at my new haircut.

revenir plus souvent. À partir de maintenant, je prendrai soin de moi d'abord et avant tout. Elle s'est mise au travail en coupant mes cheveux. J'ai pensé à combien j'étais reconnaissante d'avoir enfin pris le temps de me faire couper les cheveux. Je me sentais bien de savoir que j'allais être présentable pour le **repas de** Noël. Je n'aurais plus à m'inquiéter des taquineries de ma famille sur mon apparence "débraillée". Après quelques minutes, le coiffeur a fini de me couper les cheveux et m'a fait un rapide brushing. Je me suis regardé dans le miroir et j'étais heureux de ce que je voyais - un look propre qui serait parfait pour le dîner de Noël. Maintenant que ma coupe de cheveux était terminée, je pouvais me concentrer sur les vacances avec ma famille. Et j'en étais encore plus reconnaissante.

Je me suis sentie tellement **libérée** et j'ai adoré le look de ma nouvelle coupe de cheveux. Après avoir payé ma coupe, je suis rentrée chez moi et j'ai commencé à faire mes bagages pour mon voyage. J'**avais hâte** de montrer mon nouveau look à ma famille et à mes amis. Je savais qu'ils seraient surpris en me voyant. Le jour de mon vol, je suis arrivée à l'aéroport avec beaucoup de temps devant moi. J'ai passé le contrôle de sécurité sans problème et j'ai rapidement pris la route. Dès que je suis arrivé à destination, j'ai senti l'excitation dans l'air. Il y avait vraiment de l'air pour Noël ! Ma famille était là pour m'accueillir à l'aéroport, et ils étaient tous étonnés de ma nouvelle coupe de cheveux.

Comprehension Questions

1. What did the protagonist need to do before Christmas?

2. How did the protagonist feel about taking care of herself?

3. Who trimmed the protagonist's hair?

4. Why was the protagonist's family going to tease her?

5. How did the protagonist feel after getting her haircut?

6. What did the protagonist do after getting her haircut?

7. What was the protagonist's family's reaction to her haircut?

8. What did the protagonist do on Christmas Eve?

9. What made the protagonist's experience more special?

10. What would happen if the protagonist didn't get a haircut?

Questions de compréhension

1. Que devait faire le protagoniste avant Noël ?

2. Que pense la protagoniste du fait de prendre soin d'elle ?

3. Qui a taillé les cheveux du protagoniste ?

4. Pourquoi la famille de la protagoniste allait-elle se moquer d'elle ?

5. Qu'a ressenti la protagoniste après s'être fait couper les cheveux ?

6. Qu'a fait la protagoniste après s'être fait couper les cheveux ?

7. Quelle a été la réaction de la famille de la protagoniste à sa coupe de cheveux ?

8. Qu'a fait le protagoniste la veille de Noël ?

9. Qu'est-ce qui a rendu l'expérience du protagoniste plus spéciale ?

10. Que se passerait-il si le protagoniste ne se faisait pas couper les cheveux ?

The park

The sun was setting, and the park was empty. I sat on the bench, waiting for my **friend**. We had planned to meet here an hour ago, but she was always late. Just as I was about to give up and go home, I saw her running towards me.

"I'm so sorry," she panted as she reached the bench. "My train was **delayed**."

"It's okay," I said **forgivingly**. "I just got here myself." We sat down and chatted for a while, catching up on each other's lives since we last met. The conversation flowed **easily**, and it felt like no time had passed at all since we last saw each other. As the sun set, we said our goodbyes and went our separate ways. The next time we met, it was in a different park. Again, she was late, but I didn't mind. It was nice to have someone to talk to who **understood** me. We talked about our dreams and **aspirations**, things we wanted to do with our lives. She told me about her plans to travel the world, and I shared my dream of becoming a writer. As the sun set on another day, we said goodbye once again, promising to keep in touch this time.

Years passed, and our **friendship** remained strong even though we lived in different parts of the country now. We kept in touch through letters and occasional

Le parc

Le soleil se couchait, et le parc était vide. Je me suis assise sur un banc, attendant mon **amie**. Nous avions prévu de nous retrouver ici il y a une heure, mais elle était toujours en retard. Au moment où j'allais abandonner et rentrer chez moi, je l'ai vue courir vers moi. "Je suis vraiment désolée", a-t-elle haleté en atteignant le banc. "Mon train a été **retardé**." "C'est bon", ai-je dit **avec indulgence**. "Je viens juste d'arriver." Nous nous sommes assis et avons bavardé pendant un certain temps, prenant des nouvelles de la vie de chacun depuis notre dernière rencontre. La conversation était fluide **et nous avions** l'impression que le temps n'avait pas passé depuis notre dernière rencontre. Au coucher du soleil, nous nous sommes dit au revoir et avons pris des chemins différents. La fois suivante, c'était dans un autre parc. Encore une fois, elle était en retard, mais ça ne m'a pas dérangé. C'était agréable d'avoir quelqu'un à qui parler et qui me **comprenait**. Nous avons parlé de nos rêves et de nos **aspirations**, des choses que nous voulions faire de nos vies. Elle m'a parlé de son projet de voyager dans le monde entier, et j'ai partagé mon rêve de devenir écrivain. Alors que le soleil se couchait sur un autre jour, nous nous sommes dit au revoir une fois de plus, en promettant de rester en contact cette fois-ci.

phone calls, sharing news of our lives with each other. When she announced that she was getting married, I wasn't **surprised** - she had always been the **adventurous** type. But when she asked me if I would be her maid of honor at her wedding ceremony taking place halfway around the world from where I lived... that took some convincing! In the end though I couldn't let my best friend get married without me by her side so despite my fears (and after much pleading from her!)I **agreed** to go along for what turned out to be the **adventure** of a lifetime.

The day of the **wedding** finally arrived. I was nervous, but excited to be a part of such an important moment in my friend's life. The ceremony was beautiful, and she looked happy as she said her vows. **Afterward**, we celebrated with a big party – it seemed like everyone she knew had come to celebrate with her! It was a **magical** day that will never forget, and our friendship only grew stronger after that adventure. Now, years later, we still keep in touch. We've both **changed** a lot since we first met, but our friendship is as strong as ever.

Les années ont passé, et notre **amitié** est restée
forte, même si nous vivions désormais dans des
régions différentes du pays. Nous sommes restés en
contact par des lettres et des appels téléphoniques
occasionnels, partageant les nouvelles de nos vies
respectives. Lorsqu'elle a annoncé qu'elle allait se
marier, je n'ai pas été **surpris** - elle avait toujours été
du genre **aventureux**. Mais lorsqu'elle m'a demandé
si j'accepterais d'être sa demoiselle d'honneur à
la cérémonie de son mariage qui se déroulait à
l'autre bout du monde, loin de chez moi... il a fallu
la convaincre ! En fin de compte, je ne pouvais pas
laisser ma meilleure amie se marier sans moi à ses
côtés, alors malgré mes craintes (et après qu'elle m'ait
beaucoup suppliée !), j'ai **accepté de participer à** ce
qui s'est avéré être l'**aventure** de ma vie.

Le jour du **mariage** est enfin arrivé. J'étais nerveux,
mais excité de faire partie d'un moment si important
dans la vie de mon amie. La cérémonie était
magnifique, et elle avait l'air heureuse en prononçant
ses vœux. **Ensuite,** nous avons fait une grande fête
- on aurait dit que tous ses proches étaient venus
célébrer avec elle ! C'était un jour **magique** que
je n'oublierai jamais, et notre amitié n'a fait que se
renforcer après cette aventure. Aujourd'hui, des années
plus tard, nous restons toujours en contact. Nous avons
toutes deux beaucoup **changé** depuis notre première
rencontre, mais notre amitié est plus forte que jamais.

Comprehension Questions

1. Where did the author and her friend first meet?

2. Why was the author's friend late to their meeting?

3. What did the friends talk about when they met up again years later?

4. How did the author feel about attending her friend's wedding ceremony?

5. Describe the setting of the wedding ceremony.

6. How has the friendship between the two women changed over time?

7. What is the author's dream?

8. Where does the author's friend plan to travel?

9. Why was the author hesitant to attend her friend's wedding ceremony?

Questions de compréhension

1. Où l'auteur et son ami se sont-ils rencontrés pour la première fois ?

2. Pourquoi l'ami de l'auteur était-il en retard à leur réunion ?

3. De quoi les amis ont-ils parlé lorsqu'ils se sont retrouvés des années plus tard ?

4. Qu'a ressenti l'auteur en assistant à la cérémonie de mariage de son amie ?

5. Décrivez le cadre de la cérémonie de mariage.

6. Comment l'amitié entre les deux femmes a-t-elle évolué au fil du temps ?

7. Quel est le rêve de l'auteur ?

8. Où l'ami de l'auteur prévoit-il de voyager ?

9. Pourquoi l'auteur a-t-elle hésité à assister à la cérémonie de mariage de son amie ?

www.ingramcontent.com/pod-product-compliance
Lightning Source LLC
Chambersburg PA
CBHW071620150726
48000CB00004B/1818